JN046561

一度は訪れてみたい日本の美しき近代建築

感動建築100選!

西部晋二

ヴォーリズ設計の「山の上ホテル」の階段

ブックコム

はじめに

　私は若い頃から建築に興味がありました。12歳上の兄が建築の道を歩んだことに影響されたのでしょう。もしかしたら、父方の祖父である宮大工の甚左衛門（1856年〜1929年）から、建築家に必要なDNAを受け継いでいるのかもしれません。祖父は、日本の近代建築の先駆者であるジョサイア・コンドル、辰野金吾、曽禰達蔵等と同時代に活動していました。会ったこともない祖父ですが、なにか感慨深いものを感じます。私の大学受験の際、最初は建築学科志望でしたが、色弱で不合格になる懸念もあり、電気工学科に変更しました。就職先も電機メーカーであり、長年コンピュータ開発などに携わりました。しかし、建築に対する興味は無くならず、趣味の範囲で何かと建築界の動向は気になったものです。時折、著名な建築家の作品を訪ねたこともありました。

　最近、今までに訪れたことのある近代建築について情報を整理しようと思い立ちました。日本には素晴らしい建築物が数えきれないほどあり、私が見たものは一部に過ぎません。しかし、これらの情報をまとめることで、建築に興味がある方々の参考になるかもしれないと思うようになりました。建築をテーマとする書籍は数多くありますが、ほとんどが建築関係者の手によるものです。やはり内容的には専門的であり、一般の方には敷居が高く感じられることもあります。

　本書では、私自身が素人であることを前提として、写真を中心に、建物や周囲の風景、そして建築家にまつわるエピソードなどを簡潔にまとめました。美しい建物は周りの風景を美しく演出します。また、美しい建物を見ると感動し、ワクワクするものです。本書を気軽な建築散歩の参考書として活用いただき、また著者の感動が読者の皆様に伝われば幸いです。

　では「日本の近代建築」とはどの範囲の建築を指すのでしょうか。あくまで本書の中での話ですが、日本の近代建築には三つの世代があります。

　第一世代は、ギリシャ建築やローマ建築などの古代ヨーロッパの様式を取り入れた古典主義的建築、あるいは古代の様式に新たな要素を取り入れた新古典主義建築です。日本では欧米文化を急速に取り入れた明治時代や大正時代初期に見られる様式です。

　第二世代は、古典主義から脱却し、建築素材が鉄・コンクリート・ガラスなどが主体となったモダニズム建築、いわゆる近代建築です。

そして第三世代は、今まさに開発が行われている新たな素材や革新的な工法、デザインを特徴とする現代建築です。現代建築では単に新しさのみを求めるのではなく、過去の建築遺産の要素も取り入れながらのハイブリッド的建築も含まれます。本書でも歴史的建造物の一部あるいはすべてを活用した複合建築の例をいくつかあげています。なお、本書では第三世代の建築について多くは取り上げていません。これについては、またの機会があればと思っています。

　本書では、これら三つの世代のものをあまり整理せずに混然一体として取り上げています。どの世代に属するかは読者の方々にご判断頂ければと思います。

　ところで、筆者の住居の履歴は、
　　　山口県山口市
　→　福井県敦賀市
　→　兵庫県神戸市
　→　神奈川県横浜市
　→　東京都青梅市
　→　東京都八王子市
　→　米国アリゾナ州フェニックス市
　→　東京都八王子市
　→　神奈川県横浜市
であり、現在は横浜市に在住しています。したがって本書で取り上げる建築はそういった地域が中心となりますが、明治・大正・昭和期の近代建築が多い地域でもあるので参考になると思います。特に横浜市内には優れた近代建築が多く残されており、横浜についての章も設けました。

　本書では約100件の建築を紹介しますが、その選定基準は建築の技術的見地からではなく、あくまでも「筆者が見て"美しい建築"」ですので、予めご承知おき下さい。

　掲載する写真は、筆者がカメラやスマホで撮影したもの（撮影年月を表記）を基本としています。一部は所有者にお願いしてご提供頂いたものもあります（提供者名や撮影者名を表記）。また一部はWIKIPEDIAでパブリックドメインとして掲載許可されているものを利用させて頂いています（（WIKIPEDIA）と表記、詳細はAPPENDIX.Ⅱ）。また一部は撮影年月が古く現在の状況とは異なっているものもあるのでご理解下さい。

　なお、本書では多くの建築家や関係者の名前が出てきますが、すべて敬称を省略させて頂いています。

目 次

第3章　横浜市の建築

第4章　その他地域の印象深い建築

第1章 世界における近代建築の三大巨匠

日本の近代建築の話を始める前に、まずは世界の建築家からスタートしよう。

世界的には、**ルートヴィヒ・ミース・ファン・デル・ローエ、ル・コルビュジエ、フランク・ロイド・ライト**が「世界における近代建築の三大巨匠」といわれる。コルビュジエ、ライトは日本とも関係の深い建築家である。ここでいう近代建築とは、「はじめに」で述べた第二のフェーズの近代建築である。

ルートヴィヒ・ミース・ファン・デル・ローエ（1886年〜1969年）

ドイツ出身の建築家。ドイツで仕事をし、1930年からはモダニズムの源流となった美術学校バウハウスの校長を務めていたが、ナチスの弾圧により同校を閉鎖、ローエは1933年にアメリカに亡命した。イリノイ工科大学の建築学科主任となり同大のキャンパス計画・設計や後述の建築設計を主導した。

ファンズワース邸（1950年竣工）

14520 River Rd, Plano, IL, USA

アメリカシカゴのフォックス川のほとりに建設された。外周の8本の柱で支えられ建物内部に柱はない。日本の校倉式のような高床式の建物と類似している。日本にもファンが多い。ローエの言葉に「Less is more（より少ないほど、より豊か）」があり、氏の設計思想の底流を流れている。

ファンズワース邸 (WIKIPEDIA)

シーグラム・ビルディング（1958年竣工、ニューヨーク）

375 Park Ave Manhattan, NY, USA

最近に建設されたといわれても何の違和感もない現代建築を先取りした超高層ビル（高さ157m、37階）であり、マンハッタンの高層ビル街に溶け込んでいる。フィリップ・ジョンソンとの共同設計であり、米国の国家歴史登録財に指定されている。ビル建設の企画責任者は、フランク・ロイド・ライト、ル・コルビュジエ、ミース・ファン・デル・ローエを比較しミース・ファン・デル・ローエを推挙している。ビル内部は仕切りのないフロアであり、外観はガラス窓と渋いブロンズのサッシで構成されている。全面ガラス張りビルの元祖的存在といえる。

シーグラム・ビルディング　　　　　　　　　（WIKIPEDIA）

因みに日本での最初の超高層ビルは1968年に完成した霞が関ビルディング（設計は山下設計）であった。以降、日本も高層ビル時代へと突入していく。

このビルが完成して3年後にハリウッド映画「ティファニーで朝食を」が公開された。女優オードリー・ヘップバーンの代表作の一つである。実はシーグラム・ビルディングがこの映画のロケ地として使われていたのである。ビルの前にある噴水の縁にヘップバーンが腰かけている場面がわずかな時間だがあった。最近テレビでこの映画が放送され鑑賞したのであるが、その場面を見てとっさにシーグラム・ビルディングではないかと調べてみたら「当たり」であった。

シーグラム・ビルディング

イリノイ工科大学クラウンホール（1956年竣工）

3360 S. State Street, Chicago, Cook County, IL, USA

イリノイ工科大学クラウンホール

ここでも、階段や踊り場のデッキフロアはファンズワース邸のようにやや宙に浮いたイメージを作り出している。ローエはイリノイ工科大学で多くの作品を残しているが、もう一人レム・コールハース主宰のOMA設計事務所がマコーミック・トリビューン・キャンパスセンターを残している。これも素晴らしい作品である。このOMAにはザハ・ハディットも在籍していたことがある。彼女は大胆な曲線デザインを特徴とする建築家であり、東京オリンピック2020の国立競技場デザインコンペで一位をとった人である。最終的には日本側の事情で彼女の設計での建設は取り消されたが、これについては隈研吾のところで少し述べる。

レム・コールハースは意表を突く建築が多いが著作物がよく知られている。「錯乱のニューヨーク」、「S、M、L、XL」、「プロジェクト・ジャパン」など建築理論がテーマである。「プロジェクト・ジャパン」は1960年代に日本で提唱されたメタボリズム理論を切り口として関係者へのインタビュー内容を掲載している。

ル・コルビュジエ（1887年〜1965年）

フランス出身。画家としての顔も持っていて1918年に画家としてもデビューしている。また雑誌「レスプリ・ヌーボー」を創刊して自らの理論を掲載。1929年には、従兄弟らとのコラボレーションで家具を発表。現在でも販売されている。

現在活躍している安藤忠雄は、ル・コルビュジエの作品集を見て感動した。これが欧州への旅に出かけるきっかけになった。

サヴォア邸（1931年竣工）

82, Chemin de Villiers, 78300 Poissy, France

サヴォア邸は、ピエールとエミリ・サヴォア夫妻の別荘としてパリの西30kmの郊外に建てられた。建築当時、周囲は都会から離れた田園地帯だったという。ル・コルビュジエは20年にわたり従兄弟のピエールとともに仕事をし、数々のプロジェクトを手がけたが、サヴォア邸もその一つである。どの空間も素晴らしく、約90年前の建築でありながら今でも十分魅力的である。ピロティ（柱以外は外部空間）、屋上庭園、連続的な水平窓など、コルビュジエ建築の特徴がよく出ている作品である。

サヴォア邸

(WIKIPEDIA)

国立西洋美術館 （1959年竣工、重要文化財・世界遺産）

東京都台東区上野公園7-7

JR上野駅公園口を出るとすぐに目につくのがこの美術館と東京文化会館である。ル・コルビュジエの建築群（7か国、17件）が2016年に世界遺産として認定され、国立西洋美術館はそのうちの一件である。西洋美術全般を対象とする美術館としては日本で唯一の国立美術館である。

実業家の松方幸次郎が欧州で収集した多くのコレクションは日本・イギリス・フランスに保管されていたが、イギリスのものは焼失して無くなり、フランスにあったものは第二次世界大戦後に、敵国資産としてフランスに接収された。昭和26年の平和条約締結時に日本は松方コレクションの返還を要請したが、「フランス文化財の保管・展示を専用施設で行う」ことを要求された。日本側はこれを受け入れ美術館建設を決めたが、フランス側から設計者としてル・コルビュジエを推薦された。

結論として、基本設計はル・コルビュジエが担当し、弟子の前川國男・坂倉準三・吉阪隆正が実施設計・監理に協力して完成した。コルビュジエによる設計の建築物としては、日本で唯一のものである。

上野の森にふさわしい低層の国立西洋美術館 　　　　　　　（写真提供：国立西洋美術館）

ピロティ（上部の重みを柱だけで支える空間）

新館2階展示室
（ただし、新館は前川國男が設計）

19世紀ホールでは
高い天井から柔らかな光が差し込む

フランク・ロイド・ライト（1867年～1959年）

アメリカの建築家。日本でも旧帝国ホテルのライト館などで広く名を知られている。設計事務所であるタリアセンはライトが弟子達と仕事・生活をする場で、米国ウィスコンシン州スプリンググリーンにある。この地は冬の寒さが厳しく、これを逃れるため冬でも温暖なアリゾナ州スコッツデールの砂漠にタリアセン・ウェストを建設し、季節の変わり目にキャラバンを組んで移動した。ライトの住宅作品は水平線を強調したものが多く、**プレーリーハウス（草原住宅）** と呼ばれた。

ライトについては、筆者が紹介するより、多くの書籍があるので読者自身がそれらに目を通すのが良いと思う。例えば「フランク・ロイド・ライトの建築遺産」（丸善）や「エル・デコ日本版　フランク・ロイド・ライトの本」（ハースト婦人画報社）などが読みやすい。

落水荘（FALLINGWATER）（1936年竣工）

1491 Mill Run Road, Mill Run, PA, USA

カウフマン夫妻の邸宅としてライトが設計したもので、世界で最も有名な建物の一つであろう。ライトが70歳近くの時の作品である。ペンシルベニア州ピッツバーグ郊外の小さな川の滝の上に建てられている。小さな滝と住居を一体化させた設計が特徴で、日本の浮世絵や寺院建築がヒントになっているともいわれている。一般には滝は見るものである。滝を包み込むようにした建物に住むという大胆な発想はまさにライトならではである。一度訪れてみたいと思いながら、まだ果たせていない。

ライトはこの完成より20年前に日本の帝国ホテル新館の設計を受注し、以来多くの日本での活動実績がある。あとで述べる帝国ホテルや自由学園明日館、山邑邸の経験が、この落水荘の設計の背景にあると思う。日本での活動の頃には米国での仕事量も減り「不毛の時代」ともいわれているが、実はこの期間は独創的な思考のもとで建築設計を行っており、むしろ次の時代への充電の期間だったと理解すべきではないだろうか。事実、その後は新たな展開をして多くの優れた作品を残している。

落水荘

自由学園明日館 （校舎は1925年竣工、講堂は1927年竣工、重要文化財）

東京都豊島区西池袋2-31-3

JR池袋駅から徒歩10分ほど歩いたところにある。狭い路地を歩いて行くと突然開けた場所に出る。それが明日館（"みょうにちかん"と読む）だ。道路の右側が明日館で、左側が講堂である。

教育者の羽仁もと子・羽仁吉一がライトに校舎の設計を依頼した。ライトは様々な事情で米国に戻っており、弟子である**遠藤新**が設計を引き継ぎ完成させた。併設された講堂は遠藤新の設計である。

春には桜が咲き道路から見る明日館の校舎がさらに映える　　　　　　　　　　（2011年11月撮影）

緑の芝生の奥の左右対称の低層の建物が明日館だ。遠くの高層ビルが背景としては不似合いと思う。ファサード中央の窓の木製サッシが印象的である。京都府宇治にある平等院を思い起こす方も居るかもしれない。実はライトは若い頃に米国のシカゴ万博を訪れており、その時に日本館を目にしている。その日本館は「鳳凰殿」という名の宇治平等院風の建物であった。すなわち、ライトの頭の中には、鳳凰殿を見た時の強い印象が残像としてあったのではないかと思う。筆者の勝手な推測にすぎないが、それが明日館のデザインに少なからず影響をしたのかも知れない。明日館では様々な催しが行われるし、公開講座も設けられている。ライトの設計した教室で講義を聴くことができる。またライトは家具や照明などにもこだわりを持ち、数多くのデザインをしている。

中央ホール (2011年11月撮影)

食堂 (2011年11月撮影)

明かり取り窓、背もたれが六角形の椅子、ペンダント　　　　　　　　　　　　　　　　　　（2011年11月撮影）

1927年に新たに講堂が建設された。生徒数の増加に伴って大人数を収容できる施設が必要になったからである。ライトの設計思想をよく理解している遠藤新の設計によるものである。
ライトの住宅建築においては、高さを抑え、水平線を強調するプレーリー・ハウス（草原住宅）が特徴である。自由学園明日館はまさに典型的なプレーリー・ハウスといえよう。

自由学園明日館講堂内部　　　　　　　　　　　　　　　　　　　　　　　　　　　（2017年12月撮影）

ヨドコウ迎賓館（1924年竣工、重要文化財）

兵庫県芦屋市山手町3-10

阪急神戸本線の芦屋川駅で下車し、芦屋川沿いに急坂を登る
とこの館はある。急坂の名は、ずばり「ライト坂」である。
造り酒屋当主の山邑太左衛門の別邸であった。親戚にライト
のもとで仕事をしていた遠藤新がおり、ライトとつながりが
できたようである。原設計はライトであるが、遠藤新が実施
設計・設計監理をしたようである。

芦屋の高台と一体になった階段状の邸宅であり、自由学園明
日館と同様に細かなデザインが随所に見られる。

（すべて2012年5月撮影）

20

帝国ホテル（旧ライト館は1923年竣工）

愛知県犬山市内山 1番地

帝国ホテルの開業は1890年であり、1923年にライト館が完成した。完成披露パーティを予定していた9月1日に関東大震災があったが、大きな被害はなかったことで評価が高まった。

1968年に解体され、同じ地に現在の帝国ホテルが建設された。日比谷街区の再開発の一環として、現在のホテルも長い時を経て老朽化し建て替えが決まっている。新進気鋭の田根剛の設計で2036年完成の計画だそうだ。1976年にライト館の中央玄関部とロビーの一部が愛知県犬山市の「博物館 明治村」に移築された。ファサード前面にあった池も再現されている。

旧帝国ホテルのライト館中央玄関部外観　　　　　　　（提供：博物館 明治村）

この頃のライトが目指したデザインは、自由学園明日館がそうであったように、建物全体を宇治平等院鳳凰堂風の左右対称型低層建築の実現にあったのではないだろうか。また、玄関ロビーの写真を見ても分かるように、ロビーの角の柱の部分や、欄間の装飾は実に細かく手が込んでおり無駄な空間が作られていない。一緒に仕事をした弟子の遠藤新の作品の設計においても、ライトの目指したものと類似するものが多い。別項で紹介する武庫川女子大学甲子園会館（旧甲子園ホテル）を見るとそれがよく分かる。

旧帝国ホテルのライト館中央玄関およびロビー

帝国ホテルについては、あまりにもフランク・ロイド・ライトの「ライト館」が有名で、ライト館を解体後の新たな帝国ホテルについて語られることは少ない。ここでは現在使われている新本館等を設計した**高橋貞太郎**（1892年〜1970年）をあげておく（上高地帝国ホテル、伊東市の川奈ホテルなどの設計をしている）。戦前にライト館建て替えの話があり高橋貞太郎が担当することになっていた。しかし戦争のさなかで実現せず、戦後に具体化が進んだ。高橋の担当は変わらず第一新館、第二新館、そして新本館の設計を行った。1970年に新本館が完成するが、高橋はその年に亡くなっている。1983年に第一新館・第二新館に代わる帝国ホテルタワー（設計は山下設計[注1]）が完成した。

新本館　奥の高いビルが帝国ホテルタワー　　　　　　　　　　　　　　（2022年5月撮影）

帝国ホテル東京の新本館ロビー　　　　　　　　　　　　　　（2022年5月撮影）

新本館ロビー　中2階から見る

（2022年5月撮影）

建築設計事務所には大きく分けて2種類の形態がある。

「アトリエ系建築設計事務所」：芸術家型スタンスをとり、事務所を主宰する建築家個人の作品性が追及される。本書で出てくる多くの建築家はこのタイプのものが多い。

「組織系建築設計事務所」：意匠・構造・設備等広範囲に計画・設計ができ、建設現場の監理もできる。大規模なものを扱う場合が多い。前述の帝国ホテルタワーの設計が「山下設計」となっているが、これはこのタイプの設計事務所である。多くの場合、設計者の個人名が出ることは少ない。

アリゾナ・ビルトモア・ホテル（1929年竣工）

2400 E Missouri Avenue Phoenix, AZ, USA

米国アリゾナ州の州都フェニックス市のリゾートエリアにある。筆者は1974年〜1975年に仕事の関係でフェニックス市に滞在した。このホテルのあるエリアは高級リゾートという意識があり入ったことがなかった。2014年に友人と米国旅行をした時に、このホテルに宿泊しライト建築をようやく体感できた。確かに帝国ホテルの「ライト館」のイメージに類似していると感じた。

中庭から見た本館

（2014年6月撮影）

金箔を貼った天井

（2014年6月撮影）

ロビー

テキスタイル・ブロック（Textile Block＝敷地の土を混ぜたセメントを型枠に流し込んだもの）を使った壁、右側にサンプルがある

（2014年6月撮影）

テキスタイル・ブロックを使った廊下の柱 （2014年6月撮影）

庭園への出口 （2014年6月撮影）

本館から庭への出口には日本の灯篭風にも見える照明がある。
これも日本の影響を受けているのであろうか。

アリゾナ州立大学（ASU）ガメージ記念公会堂（1964年竣工）

1200S Forest Ave.Tempe,AZ, USA

米国アリゾナ州テンピ市にある。長年、ASUの学長を勤めたガメージが友人のライトに設計を依頼した。ライトは初期スケッチのみの関与でありタリアセンのスタッフが完成させた。ライト自身は完成を見ることなく亡くなっている。米国ニューメキシコ州やアリゾナ州では赤茶色の日干しレンガでできたアドベ建築そのものか、あるいはそんなイメージをした建物が多い。この公会堂も彩色にそのような雰囲気を持たせたのではないかと推測する。

ガメージ記念公会堂 　　　　　　　　　　　　　　　　　　　　　（2014年6月撮影）

柱上部の独特の装飾 　　　　　　　　　　　　　　　　　　　　　（2014年6月撮影）

ファースト・クリスチャン教会（1972年竣工）

6750 N 7th Ave, Phoenix, AZ, USA

筆者の米国駐在中に、米国人同僚の長女の結婚式に招待された。その会場がこの教会であった。米国アリゾナ州フェニックス市にある。四角錐の建物のてっぺんから、鋭い尖塔が立ち欧州の教会とは全く異なるデザインである。アリゾナの風景によくマッチしている。

（撮影：石井大五）

採光のためのスリットで室内に美しい光が差し込む

（撮影：石井大五）

もちろんアメリカにも欧州風の教会はある。筆者が見たものでは、ニューヨークのマンハッタン5番街に面したセント・パトリック大聖堂、ウォール街のブロードウェイ沿いにあるトリニティ教会などがその一例である。いずれもゴシック様式の、まさに教会らしい教会である。

セント・パトリック大聖堂

（2000年7月撮影）

トリニティ教会　　　　　　（2005年10月撮影）

米国アリゾナ州でのライトの3件の建築を紹介したが、せっかくなので少しアリゾナ州の紹介をさせて頂きたい。

アリゾナ州はアメリカ合衆国の西南部に位置し、その面積は日本の面積の約78％もあるが人口は715万人である。

南部はサボテンなどが豊富な砂漠地帯が多く、北部は常緑樹で覆われた山や台地が多い。自然に恵まれ多くの国立公園や国定公園がある。グランドキャニオン、ペトリファイドフォレスト、モニュメントバレー、アンテロープキャニオン・サワロ国立公園などがその代表格である。

州都はフェニックスで人口は160万人、衛星都市スコッツデール、メサ、テンピ、グレンデール、チャンドラー等を合わせれば400万人を超える大都市圏である。上記国立公園等のゲートシティでもある。

電気・電子等の先端産業の成長が見込まれるが、特に半導体産業においては半導体受託生産で世界最大手の台湾TSMCが大規模工場を建設中であり、また米国半導体大手のインテルも新たな工場を建設する計画を進めている。

街は周辺へ拡大の一途をたどっている。街中は碁盤の目のように整然と区画整理がな

フォーコーナーズ　　　　　　　　（1974年6月撮影）

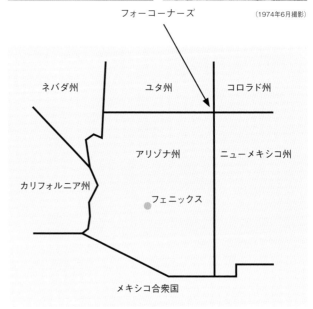

米国アリゾナ州

されており、東西南北にほぼ1マイル毎に広い道路が張り巡らされている。南北に伸びる道路には番号が付されており、東西に伸びる道路にはThunderbird、Cactus、Camel Back、Indian School等ユニークな名がつけられている。あと一つ、乾燥気候のため温暖な地である。平野部では冬季でも10℃以下は珍しく、逆に夏季は40℃を超すことも多い。

この冬期に温暖な地をフランク・ロイド・ライトは愛してやまなかった。

ソロモン・R・グッゲンハイム美術館 （1959年竣工）

1071 Fifth Ave, New York, NY, USA

ニューヨーク5番街に建つ優しい曲線を描くライト最後の作品である。内部は螺旋状のスロープが、ぐるぐると降りてくるビルである。柱も梁も見えない構造である。当初、美術関係者からかなりの批判を受けたようだが、ライトは自らの考えを変えることなく機能美を追求した。建物はライトの死より数か月遅れて完成した。

余談だが、東京の銀座の旧SONYビルは、直線ではあるが上から下へ渦巻き状に降りられるようになっており、連続して展示を見られるようになっていた。構想としては似ていなくもない。このビルは田の字状に四分割され、各階が螺旋状につながるスキップフロア形式で構成されていた（1966年完成、2018年解体）。銀座のシンボル的存在だった。旧SONYビルの設計は**芦原義信**（1918年〜2003年）であった。芦原義信には駒沢オリンピック公園総合運動場体育館、東京芸術劇場などの作品がある。

（すべて2000年7月撮影）

マイル・ハイ・ザ・イリノイズ（1956年に提案）

都市を一つの建物に納めた幻想的な建物で、528階建て、原子力駆動のエレベータ、15000台の駐車場、150機のヘリポートと壮大である。具体的なイメージがないか調べてみたが残念ながら見つけられなかった。高さ1マイルは約1600mだから、例えば横浜ランドマークタワーの約5.4倍の高さである。今でこそドバイのブルジュ・ハリーファのような超超高層ビル（約830m）が現実に存在するが、ライトは67年も前にそんな未来に思いを馳せていたのだろうか。

フランク・ロイド・ライトの20世紀建築作品群

米国内の8か所のライトの建物が2019年に世界遺産に登録された。
（残念ながら日本の建物は認定されていない）
- ●フレデリック・C・ロビー邸（プレーリーハウスの象徴的住宅建築）
- ●ユニティー・テンプル
- ●タリアセン
- ●タリアセン・ウェスト
- ●バーンズドール邸（ホリーホック邸）
- ●ハーバート・キャサリン・ジェイコブス邸
- ●落水荘
- ●グッゲンハイム美術館

20世紀の特定の建築家の名を冠した世界遺産（2019年現在）
- ●リートフェルトのシュレーダー邸（オランダ）
- ●建築家ヴィクトル・オルタの主な都市邸宅群（ブリュッセル）（ベルギー）
- ●アントニ・ガウディの作品群（スペイン）
- ●オーギュスト・ペレによって再建された都市ル・アーヴル（フランス）
- ●ルイス・バラガン邸と仕事場（メキシコ）
- ●ル・コルビュジエの建築作品群（ドイツ・アルゼンチン・ベルギー・フランス・インド・日本・スイス）

本書のテーマは「日本の美しき近代建築」であるが、フランク・ロイド・ライトの記述で多くの頁を使ってしまった。それだけ偉大な建築家であったということでご容赦頂きたい。ここに記載した以外にも、フランク・ロイド・ライトの作品は数多くあるが、特にプレーリー・ハウスの代表格であるロビー邸や、その他ジョンソン・ワックス社研究棟、カリフォルニア州マリン郡シビックセンターなどは筆者としてはぜひ訪ねてみたい。

第2章　日本の建築家と、その作品

この章では、日本における近代建築の祖ともいえる建築家からスタートせねばならないだろう。明治維新後、西洋に急速に追いつくために明治政府主導で様々な政策が実施されたが、まずは教育が急務であった。日本政府は欧米から多くの学者を雇い入れ（いわゆる「お雇い外国人」）、各分野のレベルアップをはかったのである。まずは日本近代建築の父ともいえる**ジョサイア・コンドル**の話から始めよう。

ジョサイア・コンドル（1852年〜1920年）

日本は1877年に英国からジョサイア・コンドルを工部大学校（東京大学工学部の前身）造家学教授に迎え入れた。イギリスでの建築設計の実績はほとんどなかったらしい。コンドルは教鞭をとるかたわら日本政府関係等の建築設計の仕事もした。1888年には建築事務所を開設し、本格的に設計事業を展開する。コンドルの指導を受けた学生たちは、のちの日本の建築界のリーダーシップをとることになる（辰野金吾、片山東熊、曽禰達蔵、伊東忠太、妻木頼黄等）。彼らは日本のために銀行、宮殿、駅舎、庁舎、学校等の建設に力を尽くした。

コンドルは鹿鳴館、ニコライ堂、三菱オフィスビル、旧古河邸、旧島津袖ヶ崎邸（清泉女子大学本部）など多くの作品を残しているが、日本の文化にも興味を持ち様々な活動をしている。対象は日本画、日本舞踊、華道、落語、講談等と非常に幅が広い。特に日本画では、幕末・明治時代に活躍した浮世絵師の河鍋暁斎（歌川国芳の門下生）に1881年に入門し、週一回のペースで指導を受けている。翌年には河鍋暁斎から画号「暁英」を与えられた。以降のコンドルの日本画の作品には暁英の号が用いられている。筆者はその日本画作品を見たことがあるが、非常に立派なものであった。またコンドルは「河鍋暁斎」（岩波文庫）を出版している。

旧古河庭園 （洋館は1917年竣工）

東京都北区西ヶ原1丁目

日本庭園を含めた旧古河庭園は1919年に完成した。古河財閥の古河虎之助男爵の邸宅である。レンガの躯体に外壁には真鶴産の新小松石（安山岩）を貼り付け、スコットランド風のデザインである。1階の部屋はすべて洋室、2階のほとんどは和室の造りである。重厚な格調の高い建物である。

（すべて2022年9月撮影）

ニコライ堂（東京復活大聖堂）（1891年竣工、重要文化財）

東京都千代田区神田駿河台4-1

ロシアのミハイル・シチュールポフが原設
計をし、コンドルが実施設計を行った。
ビザンチン様式（東ローマ帝国で興った様
式）。お茶の水にある。
関東大震災では大破、岡田信一郎の設計で
1929年に復旧・修復された。第二次世界
大戦での東京大空襲では損壊を免れた。

（すべて2005年2月撮影）

ビルの谷間のニコライ堂　　　　　　　　　　　　　　　　　　　　　（2022年9月撮影）

前頁の2005年の写真にはニコライ堂の尖塔の背後にはビルはないが、2022年の写真では大きなビルが
建っている。17年の間に街の様子はすっかり変わっている。

三菱一号館 （1894年竣工）
東京都千代田区丸の内2-6-2

1968年に解体され2009年に復元された。2010年からは三菱一号館美術館として利用されている。19世紀後半の英国クイーン・アン様式のビルである。複雑な屋根の構造をしているが木組みでできている。復元された建物では天井の一部にガラスがはめ込まれていて、小屋組の木組みの様子を覗き見ることができる。コンドルの原設計にできるだけ忠実に再現しているということである。

1960年代には、オフィススペースの需要が急増し、古い建物をどんどん壊し新たな丸ノ内街区を建設していった。高度成長の時代には過去の建造物の保存についてはあまり考えられなかったのである。2000年代に入ると、ようやく過去の文化保存の重要性に気付き始め様々な工夫がされるようになってきている。

（2022年7月撮影）

後ろの高層ビルが無ければ、まるで明治時代の街角のようである。屋根のデザインは非常に複雑である。

（2022年7月撮影）

大名小路から見た三菱一号館　　　　　　　　　　　　　　　　　　　　（2022年7月撮影）

一号館広場から見た三菱一号館　　　　　　　　　　　　　　　　　　　（2022年7月撮影）

辰野金吾 （1854年～1919年）

ジョサイア・コンドルに師事する（辰野金吾、片山東熊、曽禰辰蔵は一期生）。コンドルが退任後、工部大学校の教授になる。

代表作「中央停車場（東京駅）」が関東大震災でも壊れなかったので辰野堅固と呼ばれた。辰野金吾の建築の特徴に**「辰野式フリークラシック様式」**がある。赤レンガの躯体に白い花崗岩を水平にストライプ状に組み込むスタイルである。

東京駅舎　　　（2022年7月撮影）

日本銀行本店本館 （1896年竣工、重要文化財）

東京都中央区日本橋本石町2-1-1

辰野金吾は日本銀行本店設計のために欧州へ調査に行っている。コンドルから様々な建築技術を習得したとはいえ、欧州で本物の銀行を見て構想を巡らせたに違いない。一説によればベルギー国立銀行なども参考にしたらしい。欧米に追い付くには、やはり欧米の地で本物を目にするのが当時の日本では大切であった。これは建築界だけのことではなく、多くの分野でも同じであった。

日本銀行本店本館　左の白いビルは新館　　　（2005年2月撮影）

日本銀行本店本館のエントランスと広場 （2020年1月撮影）

玄関ドア上部の欄間

玄関前の階段 （2020年1月撮影）

東京駅舎 （初代は1914年に東京中央停車場として竣工、重要文化財）
東京都千代田区丸の内1-9

1945年5月25日の東京大空襲で被災、屋根・内装のほとんどを焼失した。

1947年に復元工事完了となるが、復元時間短縮のために3階部分は簡素化して2階建てに変更、南北のドームは丸形から角形に変更した。

右の写真がその角形のドームである。戦後の混乱期によくぞ短期間で修復したものだと思う。そして時を経て2012年に辰野金吾設計のオリジナルの形への完全復元、耐震工事が完了した。

角形ドーム　　　　　　　　　（2001年12月撮影）

東京駅復活の夜、大勢の人々が初ライトアップを鑑賞　　　　　　（2012年10月撮影）

シャングリ・ラ東京ホテルからの俯瞰　駅前広場は未完成　　　　　（2012年10月撮影）

44

2017年末には丸の内側駅前広場の整備が完了し、ようやく日本の玄関としての体裁を整えることができた。世界的にも誇れる美しい風景となった。

駅前広場完成 　　　　　　　　　　　　　　　　　　　　　　　　　（2017年12月撮影）

丸ノ内北口ドーム 　　　　　　　　　　　　　　　　　　　　　　　（2013年12月撮影）

この駅舎には東京ステーションホテル、東京ステーションギャラリーがある。上の写真はホテルのとても長い廊下、左の写真は駅舎中央の屋根の下のレストランである。駅ホーム側の斜めの天井はガラスがはめ込んであり外の明かりをふんだんに取り込んでいる。ゆったりとした朝食の時間を楽しめる。

（2013年12月撮影）

せっかくなので、東京駅丸の内の北口周辺から見た真新しい風景の写真をお見せしよう。背景のビルは八重洲側のビルである。再開発の遅れた八重洲側であったが、すっかりイメージチェンジがなされている。背後の左端は東京ミッドタウン八重洲、中央はグラントウキョウサウスタワー、手前の左は東京駅丸の内南口、右端は東京中央郵便局。

東京駅丸の内南口付近から八重洲側を望む

(2022年7月撮影)

片山東熊 （1854年〜1917年）

長州藩の出身であり、14歳で戊辰戦争に出陣している。1879年に工部大学校を卒業。この間、ジョサイア・コンドルに師事する。卒業後は宮内省や内務省に勤務し、国立博物館や宮廷建築等を担当した。
東京国立博物館旧本館（現在名は表慶館）、旧帝国奈良博物館本館、京都国立博物館旧本館等の多くの作品が重要文化財となっている。

迎賓館赤坂離宮 （1909年竣工、国宝）

東京都港区元赤坂2-1-1

東宮御所として建設された。1909年に完成したものの、必ずしも住居としては使い勝手も悪く、昭和天皇が一時利用、満州国皇帝溥儀の宿舎として使用された程度である。ヴェルサイユ宮殿なども参考にしたといわれている。戦後、いくつかの官庁機能に利用されたが、国としての迎賓施設として活用する方針が出され1974年に迎賓館赤坂離宮として完成した。この改修設計には本館は**村野藤吾**が、和風別館は**谷口吉郎**（谷口吉生の父）が当たった。欧風建築であるが随所に和のイメージを組み込ませてある。新たな迎賓館に最初に迎えられたのは米国第38代大統領ジェラルド・フォードであった。

前庭側 (2022年11月撮影)

前庭側 (2022年11月撮影)

エントランス　　　（2022年5月撮影）

エントランスの扉の装飾　　　（2022年11月撮影）

主庭側　　　（2013年8月撮影）

表から見ても裏（主庭側）から見ても壮大な建築である。

和風別館「游心亭」は、孟宗竹が植わった広い坪庭・玄関・47畳の主和室・即席料理室・茶室からなり、ガイドの説明によれば主和室では池に差し込んだ光が反射し、天井に水のゆらぎが映るとのこと。和のおもてなしの舞台となる。

和風別館　游心亭

（2022年5月撮影）

通年で公開されており見学できるが、和風別館は申込制になっている。ここの見学はお勧めしたい。最近、迎賓館赤坂離宮正門近くの公園内にきれいな休憩所が建設された。カフェ、トイレ等の施設もある。地下1階にあるがバリアフリー対応がなされている。

旧帝国奈良博物館本館 （奈良国立博物館なら仏像館、1895年開館、重要文化財）

奈良県奈良市登大路町50番地

奈良の興福寺旧敷地に建てられた国立博物館である。片山東熊の旧帝国京都博物館設計のための習作であるとか、古都奈良の環境に相応しくない西洋建築だとかの評価もあるようだが、奈良公園のやや小高い所に建つこの洋館の姿を見ていると、遥か遠き明治時代に、必死に西洋建築を学び実践した建築家「片山東熊」の心意気を感じとることができる。

（2022年10月撮影）

（2022年10月撮影）

曽禰達蔵 <ruby>曽<rt>そ</rt></ruby><ruby>禰<rt>ね</rt></ruby><ruby>達<rt>たつ</rt></ruby><ruby>蔵<rt>ぞう</rt></ruby>（1853年〜1937年）

ジョサイア・コンドルに師事、一期生であり辰野金吾・片山東熊・伊東忠太らと同期である。コンドルからは大いに評価されたようだ。一丁倫敦（ロンドン）と呼ばれる丸ノ内の三菱系事務所建築群設計に携わる。曽禰の後輩である**中條精一郎**（1868年〜1936年）と共に曽禰中條建築事務所を主宰し戦前最大の民間建築事務所といわれている。

慶應義塾大学図書館旧館（1912年竣工、重要文化財）

東京都港区三田2-15-45

（2022年4月撮影）

ネオゴシック様式で英国国会議事堂やウィーン市庁舎のような建物を彷彿とさせる。1945年の空襲で焼け落ちたが、1949年に復旧工事が完了している。

1981年に**槇文彦**の設計による新図書館が完成したのちには、旧図書館は記念図書館として改修された。記念図書館内には慶應義塾史展示館があり、慶應義塾史と創設者の福沢諭吉の生涯をたどることができる。

槇文彦による新図書館　1982年竣工　　　　　　　　　　　　（2022年4月撮影）

曽禰中條建築事務所は慶應義塾大学三田キャンパスの塾監局、第一校舎等多くの仕事を引き受けている。日吉キャンパスの第1校舎、第2校舎も同事務所の作品である。慶應義塾大学については、**谷口吉郎**（1904年〜1979年）も広く関わっており、三田キャンパスの幼稚舎本館、日吉キャンパスの日吉寄宿舎や日吉第四校舎などの作品がある。

塾監局　　　　　　　　　（2022年4月撮影）

慶應義塾大学日吉キャンパス記念館（2020年竣工）

神奈川県横浜市港北区日吉4-1-1

日吉キャンパスでは2020年に記念館（鹿島建設が設計・建設）が完成している。第1校舎と第2校舎の間に建つ記念館は、二つの古い校舎とよく調和しつつも新鮮な新しい美しさを実現している。
東急東横線の日吉駅を降り大学構内の銀杏並木を抜けると、正面に真新しい白亜の日吉記念館がある。
1960年代の汚い国立大学の校舎で学んだ筆者世代の者にはまことに羨ましい限りである。

（2022年4月撮影）

第2校舎　　　　　　　　　　　記念館　　　　　　　　　　　第1校舎

（2022年4月撮影）

記念館

（2022年4月撮影）

90年近く古い第1校舎、第2校舎と最新の記念館の列柱が何の違和感もなく広場を囲み、明るい初夏の日差しを受けて輝いている。できれば広場はコンクリートではなく芝生にしたほうが良かったのではないかと思う。白亜の建物がさらに映えるのではないだろうか。比較すべきものでもないが、ふと何度か訪れたことのある米国スタンフォード大学の正面の風景を思い起こした。

米国スタンフォード大学

（WIKIPEDIA）

小笠原伯爵邸（1927年竣工）

東京都新宿区河田町10-10

都営大江戸線「若松河田」駅の近くにある。小笠原長幹伯爵（旧小倉藩主）の本邸。日本には珍しい完成度の高いスパニッシュ建築といわれている。現在はスペイン料理レストランとして利用されている。レストランの食事も美味しいが、この日本離れした館で時を過ごすのも洒落たものだと思う。

玄関の葡萄をイメージしたキャノピー（庇）と廊下

（すべて2021年10月撮影）

玄関に入ると
鳥籠の欄間のお出迎え

旧食堂

イスラム風喫煙室

（すべて2021年10月撮影）

イスラム風喫煙室は広告などによく使われていて人気の場所だ。
大理石のモザイクの床はトルコなどを思い起こさせるデザインだ。

伊東忠太 （1867年〜1954年）

辰野金吾に師事、英語の「architecture」は「造家」と訳されていたが、伊東忠太がこれを「建築」に変えることを提起し改められた。日本最古の建築とされる法隆寺に魅せられ、そのルーツを探るために中国、インド、トルコ、欧州、米国と3年3か月（1902年〜1905年）にわたり留学・旅行をし見聞を広めた。日本建築史の分野でも造詣が深い。

築地本願寺 （1934年竣工、重要文化財）
東京都中央区築地3-15-1

築地場外市場のすぐ隣にある。京都の西本願寺の直轄寺院であり、古代インド様式をモチーフにした不思議な造形の寺院である。寺院建築にしては珍しく鉄筋コンクリート造であり、また内部には靴を履いたまま入れるのも特徴である。

ファサード中央部には蓮華をモチーフにしたインド石窟寺院風の塔屋があり、両翼にはインド風の仏塔が立つ。また内部にはパイプオルガンも用意されており、まさに「和洋印」折衷といったところであろうか。日本人からみれば、おそらく思いつかないであろうデザインであり、圧巻の無国籍建築である。伊東忠太の作品は多いが、神社仏閣が中心である。

併設のレストランで食事を楽しむこともできる。

築地本願寺

（2022年5月撮影）

堂々たる洋風（？）の柱

ファサード中央部の塔屋

本堂（座席、靴履き）

パイプオルガン

（すべて2022年5月撮影）

一橋大学西キャンパス兼松講堂 （旧東京商科大学兼松講堂、1927年竣工）

東京都国立市中2-1

東京国立市にある。2004年に耐震強化・空調改善等の大改修がされたが、オリジナルに忠実に修復を行い、外観もよく復元されている。

兼松講堂 　　　　　　　　　　　　　　　　　　　　（提供：一橋大学）

兼松講堂正面上部 　　　　　　　　　　　　　　　　　（提供：一橋大学）

国立にある一橋大学の東キャンパスの東本館は文部省建築課の設計であるが、彼らは伊東忠太の門下である。兼松講堂のデザインがベースになっていることがよくわかる。

兼松講堂の窓　(1986年3月撮影)

東本館の窓　(2022年3月撮影)

東本館　(2022年3月撮影)

読者の皆さんに見学の機会があったとしても「建物内への立ち入りはご遠慮下さい」とのことでした。

兼松講堂ホール　内部立ち入りは不可

アントニン・レーモンド（チェコ出身、1888年〜1976年）

フランク・ロイド・ライトのもとで学び、ライトが受けた帝国ホテル建設の際に助手として来日した。その後、独立し日本に長く留まって、たくさんの近代的な建築を残している。米国建築家協会メンバーであり、日本建築家協会の終身会員でもあった。彼の死後も株式会社レーモンド設計事務所が代々木にあり、レーモンドの設計理念を引き継いで建築設計を行っているようである。

エリスマン邸（1926年竣工）
神奈川県横浜市中区元町1-77-4

エリスマン邸 　　　　　　　　　　　（2022年6月撮影）

1982年に解体されたが、1990年に横浜の元町公園内に復元された。大きな木々に囲まれた瀟洒な邸宅である。現代においても、「住んでみたい」と思わせる綺麗なデザインである。季節の良い春や秋には写生をする人の姿をよく見かける。

サンルーム

東京女子大学 （1918年に開学、1924年に善福寺に移転）

東京都杉並区善福寺2-6-1

北米のプロテスタント諸教派の援助のもと、初代学長を新渡戸稲造、初代学監を安井てつとして新宿に創設した女子大学である。1924年に東京都杉並区善福寺に移転した。善福寺における大学の全体計画及び主要建物9棟の設計をレーモンドが行った。宣教師として来日したオーガスト・カール・ライシャワーも設立に参画し、資金集めや校舎建設面で尽力した。ライシャワー宣教師の次男エドウィン・オールドファザー・ライシャワーは東京生まれで1961年から6年にわたり駐日アメリカ合衆国大使を務めている。筆者はこの本館の建物が特にお気に入りである。

本館　1931年竣工　　　　　　　　　　　　　　　　（2016年6月撮影）

本館　　　　　　　　　　　　　　　　　　　　　（2016年6月撮影）

チャペル（礼拝堂）と講堂後部が背中合わせに繋がっており、仕切りの戸を開けばチャペルのパイプオルガンの演奏を講堂で聞くことができる。

チャペル　1937年竣工　　　　　　　　　　　　　　　　　　　　　　　　（2016年6月撮影）

講堂　　　　　　　　　　　　　　　　　　　　　　　　　　　　　（2016年6月撮影）

チャペル

（2016年6月撮影）

外国人教師館

（2016年6月撮影）

軽井沢聖パウロカトリック教会 （1935年竣工）

長野県北佐久郡軽井沢町大字軽井沢179

内部は完全な木造建築である。建築工事は宮大工に依頼し、しっかりとした造作である。90年近い歳月を無事に乗り切っている。大屋根を支える杉の丸太の存在感が強烈、そしてスロバキア風とでもいおうか塔屋の形が特徴的である。外から見ると小さい教会だが、中に入ると空間が意外に広く感じられる。東京都港区の聖オルバン教会の内部も似たようなデザインである。

軽井沢聖パウロカトリック教会 （2022年7月撮影）

エントランス側

裏側 （2022年7月撮影）

遠藤新 （1889年～1951年）

ライトに師事する。帝国ホテルのライト館や自由学園明日館はライトの設計であるが、ライトは建設途上で米国へ帰国しており、遠藤新などがその実施設計や設計監理に力を尽くし見事なまでに作品を完成させている。ライトの設計思想をよく理解した建築家であった。

武庫川女子大学甲子園会館 （旧甲子園ホテル、1930年竣工）

兵庫県西宮市戸崎町1-13

筆者は2022年10月の小雨降る中を甲子園会館の見学会に赴いた。

旧甲子園ホテルは阪神間における高級社交場としても賑わった。1965年からは武庫川女子大学のキャンパスとなっている。この大学には建築学科もあり、クラシカルな建物の中で建築を学ぶ学生達はなんと幸せなことだろう。

遠藤新は、旧甲子園ホテルの完成をライトに手紙で報告したところ、その返事には「素晴らしい出来だ！」と返事があったらしい。しかし、そこは師匠たる立場上、辛口コメントもいくつかあったようである。ライトと共に帝国ホテル、自由学園明日館、ヨドコウ迎賓館の仕事をしただけに、ライトの雰囲気が十分に感じられる。

正面エントランス　　　　　　　　　　　　　　（2022年10月撮影）

南面とテラコッタ （2022年10月撮影）

独特の飾りを組み込んだ1階西ホール （2022年10月撮影）

ふだんは公開されていないが、時折見学会が行われる。

坂倉準三 (1901年〜1969年)

東京帝国大学文学部美学美術史学科美術史卒業を卒業し、のちフランスに渡ってパリ工業大学で学んだ。前川國男の紹介でル・コルビュジエの事務所に入ったという、やや異色の経歴を持つ。1937年パリ万国博覧会において日本館の設計をしてグランプリを受賞し世界的評価を受けた。

小田急新宿駅ビル（小田急百貨店新宿店本店）、新宿西口広場、ホテルパシフィック東京、旧神奈川県立近代美術館など多くの作品を残している。小田急百貨店はすでに閉館となり、2020年代末に超高層ビルに生まれ変わる。

鎌倉文華館 鶴岡ミュージアム（1951年竣工、重要文化財）

神奈川県鎌倉市雪ノ下2-1-53

旧神奈川県立近代美術館として建設された。2016年に美術館としての役目を終え鶴岡八幡宮へ無償譲渡され「鎌倉文華館 鶴岡ミュージアム」として運営されている。鶴岡八幡宮の入り口から少し歩くと左手にこのミュージアムがある。ほぼ正方形の建物で南西側は池に面している。鶴岡八幡宮の歴史を軸に、鎌倉関連のテーマを掘り下げた展示を行い文化情報の発信を目指すとのこと。

鎌倉文華館 鶴岡ミュージアム　　　　　　　　　　（2022年11月撮影）

池を挟んでミュージアムの対面に茶寮があり軽食・喫茶を楽しめる。夏には池に蓮の花が咲く。

エントランス （2022年4月撮影）

池に張り出すテラス （2022年4月撮影）

　この空間デザインは、坂倉自身の1937年作品「パリ万国博覧会日本館」、また師匠コルビュジエの1931年のサヴォア邸や1959年の国立西洋美術館のデザインと通ずるものがある。

前川國男 （1905年～1986年）

1975年の独立までに、ル・コルビュジエおよびレーモンドに師事する。日本の近代建築の旗手として戦後に活躍した。ル・コルビュジエの事務所での約3年の実務経験が、前川國男のモダニズム建築の原点となった。独立後、丹下健三を育て、丹下健三は槇文彦、磯崎新、黒川紀章、谷口吉生、原広司らを育て、日本の建築界における大きな流れの一つができていった。

東京海上日動ビル （1974年竣工）

東京都千代田区丸の内1-2-1

昭和建築界の巨匠、前川國男の代表作の一つで、計画時は高さへの反対論があり「美観論争」が話題となった。日本一のオフィス街、東京・丸の内に初めて建てられた超高層ビルである。このビルは再開発のため解体中である。新しいビルの設計者はイタリアのレンゾ・ピアノに決定している（関西空港旅客ターミナルビル、銀座セゾンエルメス等の設計をしている）。前川國男設計の現ビルの何かを残すのだろうか。景観問題を考える歴史の証人として保存を求める声が上がっている。

東京海上日動ビル→

東京駅駅前広場から皇居側を見る

（2018年11月撮影）

東京海上日動ビルを超高層化にしたのは市民に開放された「広場」を作るためだった。1974年に完成したビルは高さ99・7メートル、25階。赤茶色のタイルが張られた格子状の外壁が特徴だ。金属パネルやガラスに覆われたビルにはない温かみや味わいを感じる。築後、半世紀近くが経ち、「災害対応力や環境性能等の強化」を理由に、隣接の新館と一体での建て替えが決まり、2028年度に新ビル完成を予定しているとのこと。完成後、半世紀を過ぎたが確かに色褪せてきている。おそらく1階、2階がオリジナルの色ではないだろうか。

かつての三菱オフィスビル群の煉瓦の色合いに近い

（2022年5月撮影）

さあ、再開発では何が残るのだろう？

（2022年5月撮影）

神奈川県立図書館・音楽堂 （1954年竣工）

神奈川県横浜市西区紅葉ヶ丘9-2

JR根岸線の桜木町駅で降り、紅葉坂の急坂を登りきると右手に神奈川県立図書館・音楽堂がある。低層の建物だが、坂の上でもあり高層ビルに埋没することなく静かに私たちを迎えてくれる。

大きな木が出迎えてくれる

（2022年6月撮影）

1952年にサンフランシスコ講和条約（対日平和条約）が発効し、晴れて日本は真の独立国として承認された。神奈川県では、講和条約発効を記念する事業として県立図書館ならびに音楽堂を建設することが決定され、1954年に完成した。前川は計画を実現するため英国に渡り、ロンドンのロイヤル・フェスティバル・ホールの調査を行っている。2900人を収容する巨大なホールを見て、多くの参考になる知見を得たものと思う。

完成は戦後9年目であり、まだ建築資材も乏しい中で、よくこれだけの優れた音楽ホールを作れたものだと感心する。東京大学生産技術研究所の石井聖光（1924年〜）が音響設計を行っており、世界的音楽演奏者がこのホールの音響効果を絶賛している。ホールの壁、天井内部では木が多用されており、絶妙な残響時間を作り出しているようだ。木のホールと呼ばれる。ホワイエの床は、細かくした砂利や大理石をセメントと混ぜ合わせ、塗り固めた上から研磨して作る人造石研ぎ出し工法を使っていて、いまだに艶やかで美しい。

夕暮れ時の神奈川県立音楽堂　左の建物は県立図書館

（2021年12月撮影）

ホワイエにおける人造石研ぎ出し工法による床面

（2022年5月撮影）

収容人数は1106人で比較的小規模である（東京文化会館の約半分） （2022年6月撮影）

小規模ながらオーケストラピットもある （2022年5月撮影）

前川國男は青、赤、黄、緑等の原色系の色が好みだったようだ

（2022年6月撮影）

同じ1954年に音楽堂に隣接する形で神奈川県立図書館が竣工した。同じく前川國男設計による。以前は音楽堂とはレストランでつながっていた。この建物も70年近く経過して老朽化が進み、また収蔵庫不足にもなってきた。2022年9月に新本館が竣工し、前川の設計したこの旧館は「前川國男館」となる。

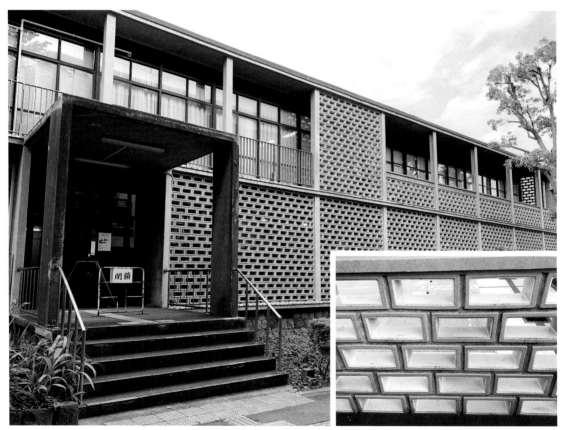

神奈川県立図書館と穴あきブロック

（2022年6月撮影）

この図書館の南面と東面はホローブリック（穴あきブロック）で覆われている。このブロックの内面は白色で外光を反射しやすく、図書室内に柔らかな自然光を採り込むことができる。

東京文化会館 （1961年竣工）

東京都台東区上野公園5-45

上野駅公園口の改札を出ると、右手にル・コルビュジエの国立西洋美術館、左手に前川國男作の東京文化会館がある。師匠と弟子の作品が向き合っていることになる。駅からすぐで大変便利が良い。2303席の大ホールを有しており、何度かの改修で音響関係を含め様々な改善がされている。60年以上経過した古いホールであるが、今後とも長く残って欲しい建物である。

東京文化会館　上野の森の樹高を越えず控えめな佇まいだ　　　　　　　　　　　　（2022年3月撮影）

東京文化会館の反りかえった巨大な庇が特徴である　　　　　　　　　（2022年11月撮影）

ダウンライト照明が夜空に輝く星のように美しい大ホールのホワイエ　　　　　　　（提供：東京文化会館）

大ホール　舞台から後方を見る　　　　　　　（提供：東京文化会館）

客席は5層からなり壮大だ。後方にはランダムに青や黄（前川國男の好きな色）の座席があり、お花畑のようだという人もいる。空席を目立たせぬ効果もあるようだ。隈研吾の国立競技場の観客席にも同様の工夫が見られる。

大ホール　後方から舞台を見る

（提供：東京文化会館）

前方客席の両翼には、巨大なレリーフ状の音響拡散板がある。ブナ材が使用されており、デザインは彫刻家の向井良吉による。音響設計は永田穂建築音響設計事務所（現・永田音響設計）が担当しており、大ホール内の適度な残響時間は芸術家からの評価も高い。

永田穂（1925年〜2018年）は、この東京文化会館のほか、国立劇場、NHKホール、大阪フェスティバルホールなど数多くの音楽ホールの音響設計をしており、日本のみならず世界でも高く評価されている。

音響拡散板

（提供：東京文化会館）（©Tetsuya Ito）

村野藤吾 （1891年〜1984年）

大阪を拠点に活動。大学は電気工学を専攻したが向いてないと判断し建築学科に転向、結局27歳で卒業した。遅咲きの建築家といわれる。高齢になっても創作意欲は衰えず、多くの優れた作品を残している。大阪の村野と東京の丹下は、よく比較されたようである。1954年竣工の広島の世界平和記念聖堂は重要文化財に指定された。

日生劇場 （日本生命日比谷ビル内、1963年竣工）
東京都千代田区有楽町1-1-1

（2022年5月撮影）

日生劇場は道路を挟んで帝国ホテルと向き合っている。日生劇場を真ん中に、帝国ホテル、東京ミッドタウン日比谷（2018年竣工、低層部は旧三信ビルのデザインをやや継承）の3ビルを撮影。右手前には帝国ホテルの一部が見えているが、このホテルも十数年後には建て替えられることになっている。今後も新たな風景が都会には出現する。東京ミッドタウン日比谷の6階には空中庭園があり、緑濃い日比谷公園、皇居前広場を一望に見渡すことができる。

東京ミッドタウン日比谷
（2022年5月撮影）

日生劇場 （2022年5月撮影）

ホワイエ （2022年6月撮影）

日生劇場内では、壁と天井に特徴がある。壁は小さなガラスモザイクが張り詰められ、全体として曲面上にうねった形である。また天井は硬質の石膏の天井面に二枚貝のアコヤ貝がぎっしりと張り詰められている。客席から見ると、まるで巨大なジンベエザメの口の中にいるような感じがする。音響効果を模型実験で確認して最終形状を得ている。

なお、前川國男の神奈川県立音楽堂の項で、「音響設計は石井聖光氏によるもの」と述べたが、この日生劇場でも同じ石井聖光に音響設計への協力を仰いでいる。

旧横浜市庁舎（1959年竣工）

神奈川県横浜市中区港町1-1

2020年、桜木町に新横浜市庁舎（設計・施工は竹中工務店、槇文彦が全体監修）が完成し、旧市庁舎からの移転が完了した。JR関内駅前の旧市庁舎の建物を含むエリアは再開発が行われ、オフィス・ホテル・商業施設が入る複合高層ビルとなる予定である。旧横浜市庁舎はホテルとして生まれ変わることになっている。

旧市庁舎は横浜港開港100周年の記念事業として建設された。行政棟、議会棟、両棟をつなぐ市民広場で構成され、再開発では行政棟のみが再利用される。

この建物の特徴は壁面がタイルブロック、窓ブロックとベランダブロックの位置が規則的ではなく、ややランダムに配置されるデザインであろうか。落ち着いた配色も優れている。現在は再開発中であり工事区域内に入れず、写真もこれ以上は撮れなかった。再開発後の姿を楽しみにしている。

旧横浜市庁舎行政棟 　　　　　　　　　　　　　　　　　　　（2022年2月撮影）

丹下健三 (1913年～2005年)

前川國男に師事した。日本国内はもとより海外でも多くの優れた実績を残し「世界のタンゲ」と呼ばれる。東大での丹下研究所からは世界でも活躍する多くの優れた建築家が輩出された。

丹下健三の作品は他とは一線を画する存在のような気がする。スケールは大きく、また斬新なアイデアに散りばめられている。したがって建設工事の難度もそのぶん高くなる。

東京カテドラル聖マリア大聖堂 (1964年竣工)

東京都文京区関口3-16-15

丹下健三の代表作の一つである。公益社団法人日本コンクリート工学会によれば、"東京カテドラル聖マリア大聖堂は、鉄筋コンクリート造複合シェル構造である。4種類8枚の双曲放物面シェルを壁のように立て、お互いを梁で結合した複合双曲放物面シェル形式となっている"だそうで、上空から見れば上部は十字架に、底面は菱形の形をしている。地上からは十字型の屋根を見ることができないのが残念ではある。聖堂内に入って中央に立ち上を眺めると、採光部分が十字型をしているのが認識できる。また聖堂内の音響設計は前出の石井聖光によるものである。

上空から俯瞰すると次のように見えるだろう。

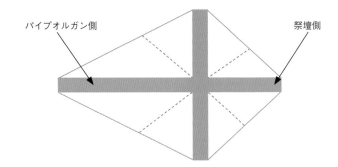

パイプオルガン側　　　　　　　　　　　　　　祭壇側

（すべて2022年9月撮影）

国立代々木競技場（1964年竣工、2021年に重要文化財）

東京都渋谷区神南2-1-1

1964年開催の東京オリンピックの水泳競技場として建設された。柱の見えない一体構造で2本の柱と鋼鉄のケーブルで巨大な屋根を吊るす方式をとった。つまり東京お台場のレインボーブリッジや兵庫県の淡路島と舞子を結ぶ明石海峡大橋のような吊り橋と類似の方式である。技術的に大変な苦労があったと聞く。60年経った今でも圧倒的な存在感がある。国立代々木競技場の世界遺産登録を推進するために、「国立代々木競技場世界遺産登録推進協議会」が設立され活動中である。

国立代々木競技場全景

渋谷区役所の15階「スペース428」から国立代々木競技場の全景を見渡すことができる。
右が第一体育館、左が第二体育館であり、背後には代々木公園・明治神宮・新宿ビル街なども見える。

第一体育館の内部

この競技場は、2021年に開催された東京オリンピック・パラリンピック2020でも利用された。
柱が一本も見えない広々とした空間が実現されている。

メインケーブルに梁材が吊られ、その上に大屋根が載っている

梁材を接続する客席上段部

建築史家・建築家の藤森照信らの解説を参考に第一体育館での「二重の吊り構造」について簡単に解説しておこう。

第一体育館においては、アンカーと40m鋼鉄製柱間、2つの高さ約40m鋼鉄製柱間126mに2本のメインケーブルが張られ、メインケーブルに梁材が取り付けられて屋根の形ができる。形成された屋根の面上に天井材、屋根材が取り付けられる。すなわち、吊り橋においては橋脚間に張られたメインケーブルにハンガーロープを吊り下げて橋桁を固定して橋が形成されるのに対し、国立代々木競技場の第一体育館においては2本の柱間に張られたメインケーブルに屋根の形状に合わせた梁材を吊り屋根面を形成するのである。これにより、競技場内に大きな空間を生み出すことができる。下図は第一体育館1階の平面図である(国立代々木競技場ホームページ図面活用)。平面図と写真を見ながらイメージして下さい。

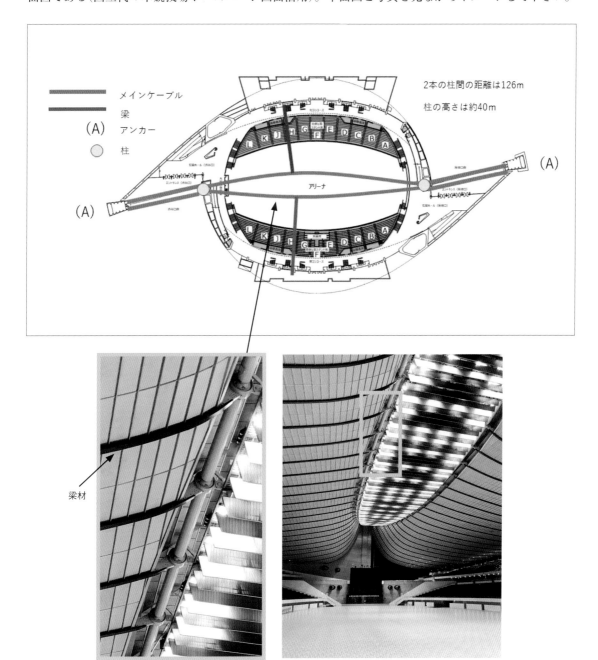

メインケーブル　　　　　　　　　　第一体育館の天井

エントランス部のメインケーブルと梁材

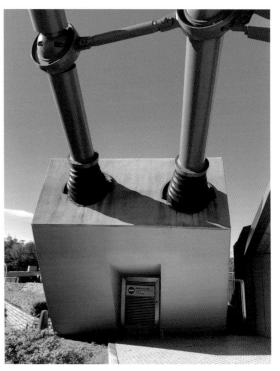

アンカーでメインケーブルを引っ張る

そして結果としてこんなに美しいフォルムができあがる

（本項の写真はすべて2022年11月撮影）（撮影協力：国立代々木競技場）

東京都庁（1990年竣工）

東京都新宿区西新宿2-8-1

1957年に旧東京都庁が有楽町に建設された。東京都の人口規模は急激に膨張、またタコ足庁舎でもあったので、新庁舎を建てざるを得なくなった。旧都庁跡地には東京国際フォーラム（設計者は米国ラファエル・ヴィニオリ）が建設された。

新たな都庁は新宿副都心に建設された。第一本庁舎、第二本庁舎と都議会議事堂の3棟からなり、第一本庁舎は2本のタワーが林立する超高層ビルである。横浜ランドマークタワーができるまでは日本一の高さを誇った。

東京都庁第一本庁舎　　　　　　　　（2022年12月撮影）

東京都庁第二本庁舎 　　　　　　　　　　　　　　　　　　（左は2022年12月、右は2022年9月撮影）

東京都庁都議会議事堂 　　　　　　　　　　　　　　　　　　（2022年12月撮影）

第一本庁舎の壁面模様 （2022年12月撮影）

秋の第一本庁舎　新宿中央公園から撮影

（2022年12月撮影）

第一本庁舎45階の南展望室にある都庁思い出ピアノ

（2023年1月撮影）

都庁思い出ピアノは都民からの寄付だそうで、訪れた人が5分間だけ自由に弾くことができる。2019年4月から運用されている。ピアノは芸術家の草間彌生の監修による装飾がされている。

広島平和記念資料館（1952年竣工、本館は重要文化財）

広島県広島市中区中島町1-2

通称、原爆資料館または平和資料館とも呼ばれる。筆者が初めて広島を訪れたのは1963年だった。資料館の展示に声も出なかった。真正面から見た建物の姿が何ともいえず新鮮だった。その時に撮ったモノクロ写真は失くしてしまったが、確か建物を前に着物姿の若いカップルが佇んでいる姿を撮影したものだが、新しい日本の姿を見た気がしたものである。広島では村野藤吾の世界平和記念聖堂（重要文化財）とともに著名な施設である。

2階からの眺め。コンクリート打ちっぱなしの部分が多く木目がよく分かる

（2022年5月撮影）

原爆ドームを起点として平和記念公園の慰霊碑、資料館が一本の軸線上に配置されている。「過ちは繰り返しませぬから」の慰霊碑に祈りをささげる彼方に原爆ドームが見えるのである。

慰霊碑

(2022年5月撮影)

公園の中央にある慰霊碑も丹下健三の設計である。実は当初は丹下健三が日系アメリカ人の彫刻家イサム・ノグチに設計を依頼しておりノグチ案ができあがっていた。しかし平和記念公園の審議会のメンバーから「日本人の設計であるべき」と異論が出され、ノグチ案は幻となった。イサム・ノグチは日系人であることで、特に少年時代は日本からもアメリカからもイジメや差別を受けたが、この慰霊碑の件でも心が大きく傷つけられたに違いない。

このことは、参考文献・資料の欄で示した「NHK イサム・ノグチ幻の原爆慰霊碑」、「arch-hiroshima (http://www.arch-hiroshima.info)」に詳しい。

新宿パークタワー（1994年竣工）

東京都新宿区西新宿3-7-1

3棟からなる超高層複合ビルで、それぞれの屋上に三角形のガラス屋根がある。都庁舎のイメージと似ていなくもない。高層部にはホテル施設が入った。今ではごく普通のスタイルであるが、当時はまだ珍しかった。
上からと下から見た2枚の写真をお見せしよう。立ち姿が美しい。

新宿パークタワー

(2022年9月撮影)

地上から見る新宿パークタワー

（2022年12月撮影）

黒川紀章（1934年〜2007年）

東大大学院時代は槇文彦、磯崎新、谷口吉生らと共に丹下健三の門下生である。1960年に建築理論メタボリズム論を槇文彦、菊竹清訓、大高正人ら数名と提唱した。社会や人口の変化に合わせて有機的に変化する都市や建築を提案した。その具体的な一環として増築・取替えの可能な建築「中銀カプセルタワービル」などの作品がある。晩年に政治活動を目指したが、がんにより志半ばで死去した。昭和・平成の代表的建築家の一人である。

埼玉県立近代美術館（1982年竣工）

埼玉県さいたま市浦和区常盤9-30-1

黒川紀章は多くの美術館を手掛けているが、一番最初に取り組んだのが埼玉県立近代美術館である。従来の美術館とは異なり建築物本体の外側の太いコンクリートのグリッド型構造物が目を引く。どうも建物そのものを支えるものではなく、あくまで「近代美術館なんだよ」ということを主張しているかのようである。この構造体の内側に入ると建物のガラス窓が波打っている様子が見える。

黒川紀章の最後の作品ともいえる六本木の国立新美術館は、ファサード全体が波打つ総ガラス張りであり、この埼玉県立近代美術館の発展形かも知れない。

埼玉県立近代美術館

（2022年9月撮影）

ファサードを覆うグリッド型構造物 （2022年9月撮影）

エントランス （2022年9月撮影）

中銀カプセルタワービル（1972年竣工、2022年解体）

黒川紀章、槇文彦、菊竹清訓らが1959年に提唱した建築思想「**メタボリズム**」の代表作として建設された。メタボリズムの説明をするのは素人にはかなりハードルが高いが、分かりやすくいうと次のようなことではないだろうか。

英語の"metabolism"とは新陳代謝のことである。街や建築は未来永劫固定的なものではなく、社会の変化に伴って必然的に変化が要請される。すなわち、古きを壊し新しきを作ることになる。数十年に一度の頻度でmake and buildを繰り返すことになる。1960年に丹下研究室の若手建築家の黒川紀章、大高正人、菊竹清訓、槇文彦、さらには建築評論家等も含めた人達がメタボリズムの概念を展開した。具体的にはユニット化した居住ブロックや街を構成する機能ブロックを用意し、基本構造体にユニット化されたブロックを要求に応じてプラグインして全体を完成させる。必要に応じて異なるブロックと交換することもでき、新たな構造物を形成できる。もっと分かりやすくいえば、たとえば、おもちゃのLEGOブロックで目的とするものを作るのに似ているとでもいえようか。

黒川紀章はその具現化の一つとしての中銀カプセルタワービルを実現した。先にのべたブロックをカプセルと表現している。

朝日新聞2022年4月12日夕刊社会面の記事によれば"カプセル型の居室140室を取り付けることができ、増築・取換えが容易な住戸として注目を浴びたが、50年後の2022年についに解体された。居住者は互いの部屋を行き来して独特のコミュニティが生まれたようである。このビルに愛着を持つ人やファンは多かったようである。"とある。

20個ほどの居室カプセルは壊さずに取り外され、内外の美術館に寄贈されたり、何らかの目的で再利用されたりするそうで、多くの問い合わせがあるとのこと。

代表的なカプセル　　　　　　　　　　　（写真：大橋富夫）

竣工時の中銀カプセルタワービル

（写真：大橋富夫）

黒川紀章の代表作の一つともいえるこのビルをもはや見ることができないのは寂しい限りである。

槇文彦 （1928年〜）

丹下健三に師事する。幕張メッセ、スパイラル、ヒルサイドテラス、東京体育館、MITメディアラボ新館等の多くの作品を手掛けた。1993年にはプリッカー賞を受賞している。現代日本を代表する建築家の一人である。

横浜市庁舎 （2021年竣工）

神奈川県横浜市中区本町6-50-10

竹中工務店ほかのジョイベン（JV）が基本設計から施工まで一括して担当するデザインビルド方式を採用しているが、日本建築家協会では、「優れた設計者あるいは建築家が主導的な役割を果たすべきである」と横浜市に要望してきた。結果的に以前から竹中等に声をかけられていた槇文彦の事務所がデザイン監修を務めることとなった。

写真の左が槇文彦が設計した旧横浜銀行本店別館を組み込んだ横浜アイランドタワー、右が新しい横浜市役所である、手前の白い変わった形の部分には商業施設や市議会会議場などが入っている。また、建物の右手は大岡川沿いであり季節の花々が植えられていて市民の新しい憩いの場になっている。

横浜市庁舎　　　　　　　　　　　（2022年5月撮影）

東京体育館 （1954年竣工の東京都体育館を1990年に全面改築）

東京都渋谷区千駄ヶ谷1-17-1

メインアリーナは上空から見ると真円である。まるでUFOのようだ。屋根のそり具合は師匠の丹下健三の国立代々木競技場を連想させなくもない。

サブアリーナ（左）とメインアリーナ（右）、左奥は新宿ビル街　背の高いビルはNTTドコモ代々木ビル

（2022年5月撮影）

東京体育館メインアリーナ　エントランス側　　　　　（2022年5月撮影）

安藤忠雄 （1941年〜）

プロボクサーのライセンスを得てデビューしたが、同じ所属事務所にいたファイティング原田の動きを見て、その才能に圧倒され引退した。以後、もともと興味のあった建築を独学で学び、一級建築士の試験に合格した異色の建築家である。住吉の長屋、淡路夢舞台、光の教会、直島の地中美術館、表参道ヒルズ等数多くの作品を手掛けている。茨木にある光の教会の特徴はなんといっても壁のスリットから差し込む外光で巨大な十字架を表現していることである。
最近は新・旧の建築の共存・融合にも力を入れている。

直近の作として、パリの「ブルス・ドゥ・コメルス（2021年竣工）」がある。フランスきっての大富豪、フランソワ・ピノー氏が安藤忠雄に要請したのは、「歴史的建造物を、もとの建物は生かしながら現代アートを展示する美術館にして欲しい」だった。安藤忠雄はこの要求を実現するため、円形の巨大な歴史的建造物の中に、コンクリートの巨大な円形のシリンダー（筒）をすっぽりと収める方法をとった。シリンダーの外に出れば歴史的建造物の壁にアート作品があり、シリンダーの内に入れば新たな空間がある。シリンダーが新旧の境の役目を果たしている。シリンダーの上部は吹き抜けであり、歴史的建造物の光あふれる天井と壁画を眺めることができる。
安藤忠雄は社会活動にも意欲的である。老いてなお意気盛んな建築家である。

国立国会図書館国際子ども図書館 （2002年竣工）
東京都台東区上野公園12-49

東京の上野公園に日本初の児童書専門の国立図書館として設立された。1906年に第1期工事が終わった旧帝国図書館の建物を利用している。児童書を専門に扱う図書館で、国立国会図書館の支部図書館である。ガラスの回廊が旧帝国図書館の1階を斜めに貫き、またガラス張りのカーテンウォールが旧帝国図書館の西側の背面部分を覆うように構成されている。歴史的建造物はほぼ完全に保存されながら、新たな近代的な図書館へと再生した。

国際子ども図書館西側　　　　　（出典：国立国会図書館ウェブサイト）

国際子ども図書館正面

（2011年1月撮影）

国際子ども図書館西側（夕刻）

（出典：国立国会図書館ウェブサイト）

こども本の森 （大阪は2020年開館、遠野は2021年開館、神戸は2022年開館）

兵庫県神戸市中央区加納町6-1-1

安藤忠雄は大阪府大阪市中之島、岩手県遠野市、兵庫県神戸市に子供のための文化施設を建設し自治体に寄贈をした。社会活動の一環である。「子供達に楽しみながら絵や文字に触れてもらい豊かな人生の糧にして欲しい」との思いで自治体へ施設そのものを寄付する形で事業を進めている。市民や多くの企業や団体が本や運営管理費用を寄付しているそうである。

（撮影：岩本順平（DOR））

遠野市の場合は安藤忠雄が同市に講演に赴いた時に、1900年に建てられた旧呉服店「三田屋」を見る機会があり、これに魅せられてすでに大阪市で開設した「こども本の森」の遠野版の寄付を市に提案をしたとのこと。これが「こども本の森　遠野」実現のきっかけである。ほぼ同時期に神戸市にも同様の提案をしている。遠野の場合は、三田屋の建築を再利用する形で建設されたので外観は商家風である。

ここでは神戸市の「こども本の森　神戸」を紹介する。神戸のJR三宮駅からフラワーロードを南に数百m歩くと、右手に東遊園地（震災の慰霊モニュメントなどがある）があり、その先端に「花時計広場」がある。この花時計の背後に「こども本の森　神戸」はある。建物のデザインは「こども本の森　中之島」と似ている。

（撮影：岩本順平（DOR））

安藤忠雄は、「永遠の青春」のシンボルとしてこの「青りんご」をデザインした。

書棚上部には本の表紙を見せたディスプレイがあり、子供たちはそれを見て下段から本を取り出せる。
椅子や階段等に座りのんびりと本を読むことができる。

隈研吾 （1954年〜）

大学在学中は芦原義信、槇文彦、原広司らに師事した。

現代建築のトップランナーの一人として活躍中である。隈研吾建築都市設計事務所を主宰し、枚挙にいとまがないくらい多くの超モダンな建築を実現している。特に近年は「木」を新たな建材の一つとし、従来にはなかった斬新なデザインのものが多い。

国立競技場 （2019年竣工）

東京都新宿区霞ヶ丘10-1

国立競技場

（2022年5月撮影）

2020年東京オリンピック・パラリンピックには多くの問題が降りかかった。まず第一は、2020年初頭から新型コロナウィルス感染が全世界で蔓延し危機的状況に陥ったことである。その結果、東京オリンピック・パラリンピックは2021年に延期になり、しかも無観客での実施となり異例の大会であった。第二の問題は、新国立競技場のデザイン選定で、イギリス国籍のザハ・ハディットがコンペで一位を獲得したが、建設費・規模・施工・周囲環境等の関係で様々な意見が出され、最終的にはザハ・ハディット案は中止となったことである。競技場の建設は一から出直しとなり、隈研吾らの案が採用されることになった。ザハ・ハディットの設計では、コンピュータを利用した3次元CADを用い全く新たな形状を作り出して見たこともないような近未来的なデザインではあった。一方、隈研吾らの設計は、比較的オーソドックスなデザインではあるが、木材を多用するなど技術的な面では創意工夫が多い。

その他、五輪では多くの人選問題や人事的な面でトラブルがあり、紆余曲折の大会であったことは残念であったが、世界中の人々がテレビ画面を通してではあるが五輪の面白さを十分に堪能できたのではないだろうか。

国立競技場炬火台　1964年東京五輪聖火台　（写真提供：独立行政法人日本スポーツ振興センター）

国立競技場5階「空の杜」　（写真提供：独立行政法人日本スポーツ振興センター）

「空の杜」はデッキ上を全周（約850ｍ）歩行できる。とても眺めがよく、木々の向こうに新宿や渋谷などの街を遠望することができる。

妹島和世＋西沢立衛／
建築家ユニットSANAA

妹島和世（1956年〜）は伊東豊雄に師事、西沢立衛（1966年〜）は妹島和世に師事。妹島和世は世界でもトップレベルの女性建築家と評価されている。後輩の西沢立衛と建築家ユニットSANAAを共同運営。それぞれ個別の設計事務所も運営している。SANAAでは金沢21世紀美術館、Jテラスカフェ（岡山大学津島キャンパスカフェ）、ヴィトラ・ファクトリー（ドイツにあるスイスの家具会社の工場）などの多くの作品を共同で手掛けている。

建築界のノーベル賞ともいわれるプリツカー賞を共同で受賞した。同賞は日本では丹下健三、槇文彦、安藤忠雄、伊東豊雄、坂茂、磯崎新も受賞している。

金沢21世紀美術館（2004年竣工、SANAA）
石川県金沢市広坂1-2-1

世界各国の現代美術を収蔵した美術館であり、金沢市の金沢城公園、兼六園、石川県立美術館などが近くにある地域に建設された。SANAAの代表作である。

デアンドロ・エルリッヒの「スイミング・プール」は有名であり、ご存じの方も多いと思う。

SANAAの作品の多くは低層建築であり、本美術館も地上1階、地下1階の低層建築である。写真を見ても分かるように、大小様々な十数個の白い直方体・円筒形の展示室が、直径約113ｍの円形の中に配置され、円形の上部に天井・屋根が張られ、周囲は全面的にガラスの壁となっている。すなわち外からは中が見え、中からは外が見えて、非常に開放感のある建物である。壁に近い柱は非常に細いので視界の妨げになりにくい。正面玄関はなく、4箇所の出入り口があり、どこからでも出入りできる。外は芝生が敷きつめられていて、ゆったりとした広い空間が提供された。

SANAAの求める建築は「透明さ、明るさ、開放感」であり、まさにこれらが達成されている。

金沢21世紀美術館

（撮影：中道淳／ナカサアンドパートナーズ）

すみだ北斎美術館 (2016年竣工)

東京都墨田区亀沢2-7-2

これは妹島和世単独の作品。江戸時代の浮世絵師である葛飾北斎は「冨嶽三十六景」や「北斎漫画」などで世界的に著名である。1760年に本所割下水近く（現在の東京都墨田区亀沢付近）で生まれた。この偉大な画家を長く顕彰するため墨田区亀沢にこの美術館が開設された。妹島和世のデザインの多くは低層の広い面積のものが多いが、この美術館は縦方向に大胆に立体感を持たせている。四面の外周の楔形の切れ目が外光の取り入れ口である。また建物の外壁はアルミパネルで覆われており、柔らかに光を反射し、異彩を放っている。

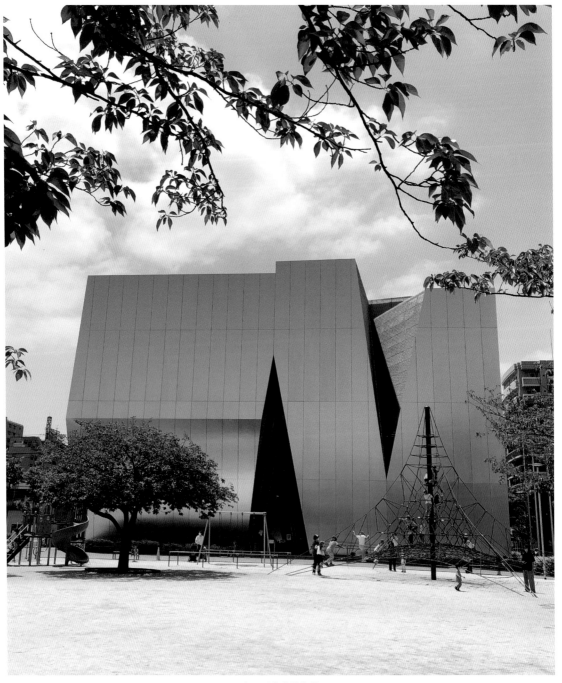

すみだ北斎美術館 (2022年5月撮影)

建築家のつながり

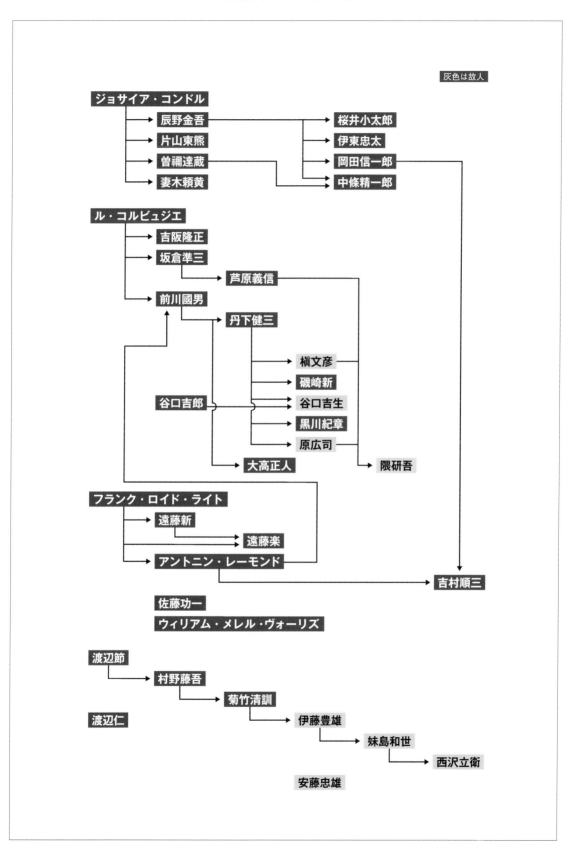

第3章　横浜市の建築

1853年にマシュー・ペリー提督がアメリカ海軍を率いて浦賀沖に来航し、その翌年に再来し横浜の地で日米和親条約が締結された。1859年から1869年にかけて函館、横浜、長崎、神戸、新潟が開港された。横浜市等は西洋文化発祥の地だけに古い建物が多く残され、文化遺産として保存活動に力を入れている。現在、筆者は横浜市に在住しており、これらの文化遺産としての建物を見る機会も多い。本章では、横浜市での近代建築について見てみよう。

NEWoMAN横浜の屋上　　　（2022年4月撮影）

横浜市開港記念会館 （1917年竣工、重要文化財）

神奈川県横浜市中区本町1-6

横浜市ではレトロなジャックの塔（横浜市開港記念会館）・クイーンの塔（横浜税関）・キングの塔（神奈川県庁本庁舎）の三塔が有名であり、横浜三塔とも呼ばれる。まずは「ジャックの塔」からスタートしよう。設計者は**山田七五郎**（長崎県庁も設計監督）である。

街角を華やかにする横浜市開港記念会館　　　（2020年10月撮影）

大正時代の建物は、その建設用途の多くは銀行や官公庁だったりするが、この建物は最初から横浜開港50周年を記念するものとして建設されている。赤レンガの躯体に白い花崗岩を水平にストライプ状に組み込んだ**辰野式フリークラシック様式**の建物である。細やかにデザインがされており優雅さが感じられる。

（2020年10月撮影）

ステンドグラスが沢山ある

（2020年10月撮影）

横浜税関本庁舎 (1934年竣工)

神奈川県横浜市中区海岸通1-1

設計は大蔵省営繕管財局の**下元連、吉武東里**。塔屋部は丸みを帯びたその優美な姿から「**クイーンの塔**」と呼ばれる。この建物は明るい色で、まさにクイーンの名に相応しく、どの方向から見ても美しい。

横浜税関本庁舎

（2020年11月撮影）

神奈川県庁本庁舎（1928年竣工、重要文化財）

神奈川県横浜市中区日本大通1

小尾嘉郎の設計。神奈川県庁は本庁舎・新庁舎（坂倉準三設計）・東庁舎・西庁舎からなり、本庁舎の中央にある塔屋部は「**キングの塔**」と呼ばれている。100年近く経った古い建物だが、内部もあまり手を入れずに大事に使っている。旧貴賓室や旧県議会場など内装はきめ細かく豪華である。

日本大通から見た本庁舎

（2022年7月撮影）

階段の装飾灯

（2022年7月撮影）

中央の階段の登り口に左の写真のような装飾灯がある。県庁によれば、フランク・ロイド・ライトの旧帝国ホテル（ライト館）のものと類似しているそうだが、模様には宝相華があしらわれているとのこと。日本国語大辞典によれば「宝相華とは、唐草模様の一種で想像上の植物をかたどったもの。中国唐代や日本の奈良・平安時代頃、多く仏教において装飾的模様としてさかんに用いられた。」とある。

本庁舎正面 （2022年4月撮影）

ファサード中央部の細やかな装飾 （2022年7月撮影）

横浜地方裁判所 (1929年竣工)

神奈川県横浜市中区日本大通9

横浜地方裁判所の建物はニュースによく登場する。神奈川県庁のデザインを参考にしたとされている。
2001年に高層ビルを新築したが、旧建物はその周囲を囲むようにして復元された。

横浜地方裁判所　旧建物が主役だ　　　　　　　　　　　　　　　　　(2020年1月撮影)

巨大なアーチ型エントランス　　　　　　　　　　　　　　　　　　(2022年7月撮影)

横浜第二合同庁舎 （1926年（昭和元年）竣工）

神奈川県横浜市中区北仲通5-57

横浜第二合同庁舎

（2022年3月撮影）

鉄筋コンクリート構造（RC造）技術の先駆者の一人である**遠藤於兎**（1866年～1943年）の設計で横浜生糸検査所が建設された。

1995年に高層棟建設が行われるが、新高層ビルを取り囲む形で元横浜生糸検査所の外観を完全復元した。元のビルを壊したのにも関わらず、同じ形を復元した心意気に感心する。

正面玄関の上部に、蚕の成虫（蚕が孵化した蛾）と菊の紋と桑の葉をあしらった紋章がある。

屋上にある紋章

（2022年3月撮影）

2020年に、この庁舎のすぐ隣に57階建ての超高層複合ビルが建設されたが、この複合ビルの低層部に前述の生糸検査所の外観イメージが組み込まれている。合同庁舎と併せ街に連続的にクラシカルな雰囲気を持たせることができ、大変に素晴らしい再開発の手法だと思う。機能重視の無機質な建築物に豊かな顔を持たせることができたのではないだろうか。

(2020年10月撮影)

都会には新たなビルが次々と建設されていくが、概してそれぞれのビルは独自の個性を発揮しようとする。あとで遠くから眺めてみると、まるで「おもちゃ箱」をひっくり返したような風景になりがちである。これからの建築設計においては、新たな建物を複雑な都市空間の中に、如何に調和させるかが大きな課題になるのではないだろうか。

旧横浜商工奨励館 （横浜情報文化センター、1929年竣工）

神奈川県横浜市中区日本大通11

横浜市建築課の設計。2階にある日本新聞博物館では毎年「報道写真展」が開催され、前年の新聞報道で掲載された写真を大判サイズでカラーで見ることができる。一年間を1時間ほどで振り返ることができ、毎年楽しみにしている。鑑賞で疲れると同じフロアにある洒落たカフェでお茶や軽食を楽しむことができる。

日本大通りに面した旧横浜商工奨励館 （2022年4月撮影）

エントランス部の構えが凄く威圧感すらある （2022年4月撮影）

この頃の建物は角が円くデザインされているものが多いのではないだろうか。古い建物では大丸神戸店などもそうだったと思う。これは阪神・淡路大震災で大破したが、建て直した新たなビルでも角が湾曲したデザインとし、初代ビルの設計者である村野藤吾のデザインを一部踏襲しているように見える。直角もいいが丸みを帯びていると優しさを感じる。

大丸神戸店　　　　　　　　　　　　　　　　　　　　　　（2022年5月撮影）

回廊部分
（2022年5月撮影）

因みに、1910年〜1930年頃に流線形デザインが流行した。鉄道の機関車や自動車等の乗り物はもちろんのこと、家具や家電製品等にも流線形デザインが取り入れられている。ひょっとしたら建築の角が丸みを帯びているのも、その影響があるのかも知れない。余談だが、この大丸神戸店の1階はゴシック様式の回廊があり、道行く人を眺めながら用意されたテーブルでゆったりとティータイムを楽しむことができる。

横浜銀行協会 （1936年竣工）

神奈川県横浜市中区本町3-28

大熊喜邦（1877年〜1952年、国会議事堂の設計者）の設計。4階建てのそれほど大きくない建物であるが、ファサードの整然とした7本の柱がこの建物を特徴づけている。玄関ポーチの庇部分、柱の上の搭状の部分、ビル側面の窓の上部等を飾るテラコッタが品の良いアクセントになっている。凛とした佇まいとでも表現しておこう。

（すべて2020年10月撮影）

側面の窓の上部テラコッタ　　　　　（2022年6月撮影）

エントランスのキャノピー部テラコッタ　　　　（2022年6月撮影）

正面上部テラコッタ　　　　　（2022年6月撮影）

　なお、協会から「この建物は非公開なので問い合わせしないで」と
のことで、見学の際は道路から眺めるに留めて下さい。

旧横浜銀行本店別館 （1929年竣工　元第一銀行横浜支店）

神奈川県横浜市中区本町6-50-1

元第一銀行横浜支店は**西村好時**（1886年〜1961年）が旧第一銀行で建築を担当していた時の作品である。のちに独立するまで多くの第一銀行の建物を設計している。半円形のバルコニーとトスカーナ式柱頭の列柱が横浜支店の特徴であった。1980年に横浜銀行本店別館となり、そして2003年に槇文彦監修の高層ビル「横浜アイランドタワー」が建設され、その低層部にこの旧横浜銀行本店別館の建築資産（バルコニー部分★及びデザイン）が活用された。バルコニー部分は、元の場所から約170mの距離を曳家技法で移された。

旧横浜銀行本店別館のバルコニー部分

（2022年11月撮影）

右側の横浜アイランドタワーの低層部として組み込まれた旧横浜銀行本店別館　　(2022年11月撮影)

低層部の内部　　(2018年11月撮影)

神奈川県立歴史博物館 （1904年竣工、重要文化財）

神奈川県横浜市中区南仲通5-60

旧横浜正金銀行本店として明治建築界の巨匠といわれる**妻木頼黄**（ジョサイア・コンドルに師事、1859年～1916年）の設計で建てられた。当時のドイツ近代建築の影響を受けている。1995年から神奈川県立歴史博物館として使われている。まるでドイツの街角に出くわした感じがする。正面エントランスの上部にあるドームの存在感がすごい。妻木頼黄はドイツ系建築のリーダー的存在であった。エントランス部分には太い列柱が4本、中央部に細い列柱が4本あるが、柱頭の形はコリント式、イオニア式で様々な様式を組み合わせていることが分かる。

神奈川県立歴史博物館　　　　　　　　　　（2020年撮影）

コリント式の柱頭　　（2023年4月撮影）

イオニア式柱頭　　（2023年4月撮影）

ビルの谷間に見えるこの博物館を見て、ヨーロッパの街なかを歩いているような錯覚を覚える。

妻木頼黄は、今や横浜の一大人気スポットとなっている横浜税関新埠頭倉庫の設計もしており1911年〜1913年に完成させた。2002年に展示スペース、商業施設として整備をし、広場を含めて**赤レンガパーク**としてオープンした。イベントスペースもあり冬期にはアイススケートリンクなども出現する。
倉庫は**赤レンガ倉庫**と呼ばれている。それまでは落書きがたくさんある荒れた倉庫であった。

ここはヨーロッパ？
(2022年11月撮影)

馬車道から見た神奈川県立歴史博物館 　　　　(2022年11月撮影)

横浜山手聖公会 （1931年竣工）
神奈川県横浜市中区山手町235番地

（2022年5月撮影）

J・H・モーガン（1873年〜1937年）の設計。日本に多くの作品を残している。変わったところでは、モーガンは横浜外人墓地の正門も設計している。日本で亡くなり、この外人墓地で眠っている。

1863年に横浜クライストチャーチが設立され、モーガン設計のこの建物は3代目となる（関東大震災で壊滅し、新たに建設したもの）。

（2019年11月撮影）

カトリック山手教会 （1933年竣工）

神奈川県横浜市中区山手町44

かつては長崎の浦上天主堂のような双塔の大きなカテドラルであったが、前項の山手聖公会と同様に関東大震災で倒壊、チェコ出身の**ヤン・ヨセフ・スワガー**（1885年〜1969年、レーモンドの会社のメンバー）の設計により再建された。

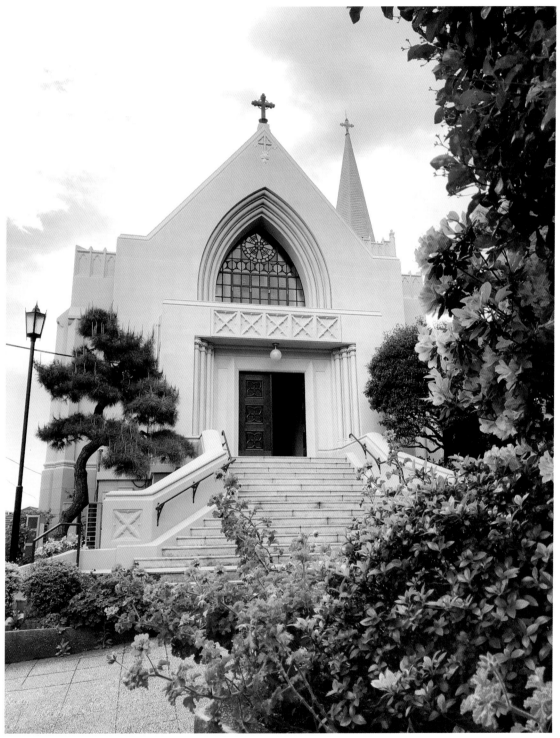

カトリック山手教会正面　　　　　　　　　　　　　　　　（2023年4月撮影）

カトリック山手教会側面 （2023年4月撮影）

カトリック山手教会聖堂 （2023年4月撮影）

ホテルニューグランド本館（1927年竣工）

神奈川県横浜市中区山下町10

横浜山下公園の向かい側に建っている瀟洒なホテルである。設計者は銀座四丁目の和光ビルなどを設計した**渡辺仁**（1887年〜1973年）である。かつて横浜には外国人向けの「グランド・ホテル」があったが、関東大震災で壊滅した。全市壊滅状態だったが再開発計画により新たに建設されたのがこのホテルであった。日本は、太平洋戦争の敗戦からサンフランシスコ講和条約締結・発効までの間、米国の統治下に置かれた。マッカーサー総司令官が来日後しばらくこのホテルに宿泊した。現在もこの部屋は「マッカーサーズスイート」として残されており、宿泊料金は高いが利用することができる。

「AD1927」が誇らしげだ

（2022年2月撮影）

山下公園通りに面したファサードは美しい。2階のアーチ型の窓に並木の銀杏が映り込んでいる。特に秋の黄葉が素晴らしい。

ホテルニューグランド本館 （2020年11月撮影）

本館正面玄関を入ると、紺碧の絨毯が敷かれた大階段が出迎えてくれる。東洋と西洋が織り交ざったようなエレベータホールのデザインである。

本館大階段 （2022年2月撮影）

明るく静かな本館2階ザ・ロビー （2022年2月撮影）

本館中庭 （提供：ホテルニューグランド）

ベーリック・ホール（1930年竣工）

神奈川県中区山手町72

J・H・モーガン設計。ベリック商会経営者の住居として建てられたが、戦後はセント・ジョセフ・インターナショナルスクールの寄宿舎として使われた。山手通りとの間に広い庭が作られ、道行く人からもこの建物全体が見える。山手地区の建物は休館日以外は無料で内部見学ができる。

ベーリック・ホール

（2022年6月撮影）

2階への階段の手摺や2階の四つ葉のクローバ型の窓も凝っている。

（2022年6月撮影）

山手111番館（1926年竣工）

神奈川県横浜市中区山手町111

J・H・モーガン設計。山手地区は4、5月頃が一番美しい。

玄関の3連アーチが美しい

（2022年4月撮影）

（2022年4月撮影）

玄関ホール

食堂

（すべて2022年4月撮影）

外交官の家 （1910年完成、重要文化財）

神奈川県横浜市中区山手町16

ジェームズ・マクドナルド・ガーディナー（1857年～1925年）
の設計。もともとは渋谷の南平台に建てられたが、これを横浜
市が寄贈を受け山手に移築した。アメリカン・ヴィクトリアン
様式の邸宅で、下見板張りの外壁が特徴である。家具などで当
時の外交官の暮らし振りを感じ取れる。写真の左側へ少し進む
とブラフ18番館がある。庭にはベニバナトチノキがあり5月に
は美しい花を咲かせる。ガーディナーは1880年に米国聖公会
から立教学校へ派遣され、のち校長、教師を務める。校長退任
後は本格的に建築家として活動をし、学校や教会等の多くの建
物の建設に携わった。津田梅子とも交流があった。

ベニハナトチノキ
（2021年5月撮影）

外交官の家

（2021年5月撮影）

旧玄関側 (2022年7月撮影)

庭から見た横浜の風景 (2022年7月撮影)

横浜市イギリス館 (1937年完成)

神奈川県横浜市中区115-3

上海の大英工部総署の設計。総領事公邸として建てられた。

南側

(2022年4月撮影)

玄関側

見事な木製の階段手摺

(2022年4月撮影)

横浜みなとみらい21

現代建築は数あれど、「横浜みなとみらい21」は特別な印象を与える地域である。特にランドマークタワー、三連のビルを中心とするクイーンズスクェア、そしてパシフィコ横浜（大規模コンベンション施設）やヨットの帆のイメージの横浜インターコンチネンタルホテル等の大規模施設が、みなとみらい地区の「未来感」を盛り上げている。それらの周辺には、横浜美術館、ゆったりとした商業施設、赤レンガ倉庫、桜木町駅からの動く歩道、帆船日本丸、汽車道、展望用ロープウェイYOKOHAMA AIR CABINなどが取り囲み、他にはない変化に富んだ美しい街並みを形成している。みなとみらいの基本計画は大高正人（1923年～2010年）による。

ランドマークタワー

神奈川県横浜市西区みなとみらい2-2-1

米国の建築家**ヒュー・スタビンス**（1912年～2006年）の基本設計をもとに三菱地所が具体化を進め1993年に竣工した。オフィス、ホテル、ショッピングモール（ランドマークプラザ）、69階の展望フロア、多目的ホール等からなる。ランドマークタワーは高さ296.33m、70階の超高層ビルであり日本で2番目に高いビルである。2012年に大阪にあべのハルカス（300m）ができるまでは国内で最も高いビルであった。横浜は坂の多い街なのでランドマークタワーが眺められる場所はたくさんある。

ランドマークタワー（手前は大岡川）

（2017年12月撮影）

ヒュー・スタビンスは米国籍で、ニューヨークのシティグループセンタービル（①）やマサチューセッツのボストン美術館（②）など多くの大型建築を手掛けている。

①（2014年6月撮影）　　　②（2014年6月撮影）

ドックヤードガーデン（重要文化財）
神奈川県横浜市西区みなとみらい2-2-1

ランドマークタワーの横にはドックガードガーデンが併設されている。1896年竣工の旧横浜船渠第2号ドックを復元・保存したものである。我が国初の商船用石造りドックである。ドックの底を歩くことができ、身近に巨大な産業遺産を味わうことができる。

（2021年12月撮影）

ランドマークプラザ

神奈川県横浜市西区みなとみらい2-2-1

5階建てのビルだが、内部の吹き抜けの巨大な空間を中心に立体的な環境が作られている。林立する柱は、まるでスペインのバルセロナにあるサグラダ・ファミリアの列柱を思わせる。

ランドマークプラザ　　（2022年12月撮影）　　　　サグラダ・ファミリア　　（2012年10月撮影）

クイーンズスクェア

神奈川県横浜市西区みなとみらい2-3

クイーンズタワー A、B、Cの3棟のビルを中心にショピングモール、ホテル、コンサートホール（みなとみらいホール・2020席）で構成されている。屋上部分が同じデザインの三つのビルが高さの順に並んでいるのが特徴的である。

クイーンズスクェア　　　　　　　　　　　　　　　（2022年5月撮影）

クリスマスシーズンでの「みなとみらい全館点灯」の日　（2017年12月撮影）

背比べ（左手前は日本丸メモリアルパーク）　（2021年11月撮影）

横浜インターナショナルスクール （2022年竣工）

神奈川県横浜市中区小港町2-100-1

隈研吾の設計。横浜の山手にあった横浜インターナ
ショナルスクールが2022年に本牧地区の新校舎に
移転した。山手の校舎はタイル張りの綺麗なビルだ
った。本牧の新校舎は外側を木の板で覆ったイメー
ジである。設計者の隈研吾の最近の作品には建材と
して木が多く使われている。2020東京オリンピッ
ク（新型コロナ感染対策のため2021年に開催）の主
競技場として新たな国立競技場を建設したが、ここ
でも隈研吾は木を多用している。山手の旧校舎のタ
イルの色をこの建物で何らかの形で再現をして欲し
かったと思うのは筆者だけだろうか。

旧校舎の壁のタイル　　（2022年3月撮影）

（2022年3月撮影）

同校の施設法務担当の方が「隈研吾さんは50か国以上から集まった生徒たち、教職員、保護者…このよ
うに多様な共同体が暮らす"みんなの家、みんなのホームになるように"という思いで設計され、結果
として家のような大きな傾斜屋根に守られ、木の壁に包まれた暖かな空間が生まれました」と述べられ
ている。建築主と設計者が一つになって新たな環境を生み出していると実感できる。

関内ホール（横浜市市民文化会館）（1986年竣工）

神奈川県横浜市中区住吉町4-42-1

関内ホール

（2022年3月撮影）

芦原義信の設計。横浜の馬車道沿いにある。したがってそばにはガス燈がある。エントランスの空間が独特のダイナミックな形をしており心地よい。

（2019年5月撮影）

第4章 その他地域の印象深い建築

著名な建築家の作品と、横浜市にある近代建築を紹介してきた。日本にはまだまだ沢山の優れた建物がある。筆者が訪ねたことのある建物のうち、特に印象深いものを紹介する。

東京中央郵便局 （1931年竣工）

東京都千代田区丸の内2-7-2

逓信省の設計で**吉田鉄郎**（1894年〜1956年）が担当であった。2013年に旧東京中央郵便局舎は新しいJPタワーに一部保存・再生され整備された。建て替えにあたっては、時の総務大臣である鳩山邦夫が「日本のモダニズム建築の重要例であり存続させるべき」と提起し、保存部分が拡大された。ブルー系ガラス張りのタワー（2012年竣工）に比べ、白色系の明るいタイル張りの旧東京中央郵便局舎のファサードは素朴で美しい。4階・5階の短い庇や大きな時計がアクセントになっている。

古いものを残存させながら新たな建物を作る文化が芽生えたのは嬉しい限りである。このような建物のことを「腰巻ビル」と呼ぶらしい。

JPタワー本体は巨大なオフィスビル　　　　　　　　　　（2012年5月撮影）

郵便局窓口　1階　　(2022年7月撮影)

屋上庭園　6階　　(2013年5月撮影)

JPタワー商業施設「KITTE」　　(2022年7月撮影)

吹き抜けに旧東京中央郵便局舎の骨組みを露出させている。

パレスサイド・ビルディング（1966年竣工）

東京都千代田区一ツ橋1-1-1

林昌二（1928年〜2011年、日建設計チーフアーキテクト、銀座四丁目の三愛ドリームセンターや、ポーラ五反田ビルなどの作品がある）の設計。パレスサイド・ビルディングは東京メトロ東西線の竹橋駅に直結している。皇居のお濠と首都高速都心環状線に挟まれた狭い土地に建てられた長辺幅204.8ｍの幅広大規模複合建築である。

パレスサイド・ビルディング　　　　　　　　　　　　　（2022年9月撮影）

上から見た形状が面白い。

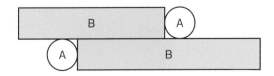

真っ白な「A」の部分の円筒状のタワーにはそれぞれ8基のエレベータ、トイレ、階段が、「B」の部分には店舗・オフィス等がある。屋上は庭園になっている。屋上からは皇居の向こうに高層ビルが延々と林立している様子を見ることができる。

屋上庭園からの都心景観

(2022年9月撮影)

「A」の部分の構造は概ね次のようである。

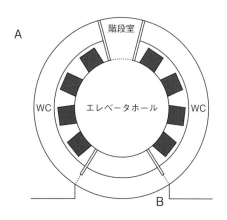

エレベータホール

(2022年9月撮影)

また、ビルの壁面はまるで建設用の足場のように見えるが、雨樋の部分は漏斗状になった短い管を上から下まで配置し、目詰まりした時に容易に掃除ができるように工夫されている。

日よけルーバーと雨樋

(2022年9月撮影)

154

立教大学池袋キャンパス本館（モリス館）〔1918年竣工〕

東京都豊島区西池袋3-34-1

ニューヨークの建築家**マーフィ＆ダナ**建築事務所の設計。玄関・時計塔を中心に配した本館（1号館／モリス館）、その左側に図書館を、右側に礼拝堂を配して正面を構成した。さらに中央の軸線を延長し、中庭を囲んで第一学生食堂を中心に左右に寄宿舎を整える構成となっている（大学内の案内板による）。

中庭の木とツタに覆われたモリス館がアーリーアメリカン風の風情を醸し出す。秋には真っ赤に色付いたツタの葉が美しい。

（2017年12月撮影）

本館

（2017年10月撮影）

本館 （2017年10月撮影）

礼拝堂 （2017年10月撮影）

津田塾大学ハーツホン・ホール（1931年竣工）

東京都小平市津田町2-1-1

1871年に日本の女子として最初の国費留学生が米国に送られた。山川捨松・津田梅子・永井繁子等の5名が異国の地で暮らし勉学に励んだ。津田梅子（1864年～1929年）はまだ6歳であった。津田梅子・山川捨松の2名は11年間をアメリカで過ごした。山川捨松はヴァッサー大学を卒業した。梅子は1889年から3年間の再度の留学を果たしている。留学先は米国東海岸の名門女子大学の一つであるブリンマー女子大学である。のちの卒業生に女優キャサリン・ヘップバーンなどがいる。梅子は帰国後に日本の男性優位の社会、女性の地位の低さを見るにつけ、なんとしても女子に高等教育を受けさせ自立する女性を作りたいと願った。日本での女子教育の重要性を認識し、1900年にようやく小規模ながら英語塾の開校に漕ぎつけた（女子英學塾）。二度目の米国留学時代に友人となったアナ・ハーツホンを教師として招いた。その後、新校舎を建てる時に資金集め等でハーツホンは協力した。残念ながら新校舎完成は梅子の亡くなったあとであった。津田塾大学として正式に開校したのは津田の没後の1948年である。梅子の周りにはハーツホンや留学仲間の捨松、繁子など常に多くの支援者がいた。また彼女が心の拠り所としていたのは、アメリカでの育ての親ともいうべきランマン夫妻である。帰国以降、梅子とランマン夫人の手紙のやりとりが続き、何百通という英文の手紙が津田塾大学の物置で発見された。これをもとに大庭みな子が「津田梅子」を出版し、リアルな梅子像を表現した。2024年に日本の紙幣が改訂されるが、新5000円札に津田梅子の肖像が印刷される。また2022年3月にはテレビ朝日が「津田梅子～お札になった留学生～」を放送した。

津田塾大学のシンボルとでもいうべきハーツホン・ホール（津田塾大学本館）は**佐藤功一**（1878年～1941年）の設計である。東京の府中街道を北上し玉川上水を過ぎると右手に津田塾大学小平キャンパスがあり、こんもりとした木立からこの建物を見ることができる。タイル張りの洋風建築であるが、屋根の形は日本風のようでもあり中国風でもある。しかし屋根の瓦の色は赤であり不思議な雰囲気のある建物である。本館の表の写真と中庭のある裏手の写真を添えておくが、どちらから見ても均整のとれた美しい建築である。津田梅子は、さぞかしこの美しい建物を見たかったろうと思う。

筆者は、かつて大山捨松（山川は旧姓）の伝記を読んだことがあり、津田梅子や津田塾大学のことはある程度は知ってはいたが、キャンパスについては知らなかった。たまたま2022年4月23日付の朝日新聞「Be」の津田塾大学や日本女子大学に関する記事が目に入った。そこに掲載されていた美しいハーツホン・ホールの写真を見て、ぜひとも本書に組み込みたいと思ったのである。

津田塾大学ハーツホン・ホール表玄関側　　　　　　　　　（写真提供：津田塾大学）

津田塾大学ハーツホン・ホール中庭側　　　　　　　　　　（写真提供：津田塾大学）

早稲田大学大隈記念講堂 （1927年竣工、重要文化財）

東京都新宿区戸塚町1-104

外観はストックホルム市庁舎を思い起こさせなくもない。佐藤功一を筆頭とする早稲田大学建築学科の人達の設計である。佐藤功一は早稲田大学理工学部の建築学科の創設者である。大講堂は1123席あり、また時計塔がこの建物のシンボルである。エントランスのアーチや最上部の鐘楼のデザインがとても美しい。

早稲田大学大隈記念講堂　　　　　　　　　　　　　　　　　　　　　（2022年9月撮影）

大隈庭園から見た早稲田大学大隈記念講堂の鐘楼　　　　　　　（2022年9月撮影）

神戸女学院（1933年竣工、重要文化財）
兵庫県西宮市岡田山4-1

2022年12月24日に神戸女学院岡田山キャンパスの見学会があり参加した。新型コロナ感染の影響で開催がのびのびになっていた。約40名の参加者があった。ようやく直接に**ウィリアム・メレル・ヴォーリズ**（1880年〜1964年）の代表作ともいえるこの名建築を自身の目で見ることができた。中庭に向かって「総務館・講堂・ソールチャーチ」、「文学館」、「図書館」、「理学館」の4棟が建っている。ここが神戸女学院岡田山キャンパスの中心部である。精神が安らぐ広く美しい空間である。

総務館（事務所、講堂、礼拝堂）

理学館 　 文学館

図書館本館

左から文学館、図書館、理学館

（提供：神戸女学院）

ヴォーリズが建てた17棟のうち、12棟が2014年に重要文化財の指定を受けた。日本では珍しく一つの建築群が重要文化財に指定されたのである。しかも保存をしながら、学生達が日常的にこれらの建物を利用しており、これが素晴らしい。この神戸女学院は、米国から派遣された2人の女性宣教師が1875年に女子寄宿学校を神戸の山本通りに開設したのが出発点である。1894年に神戸女学院と名を改め発展を続けた。生徒が増えるに従い、設備も不足し手狭になってきた。1920年代に移転の計画が持ち上がり次第に具体化し西宮市の岡田山への移転が決定された。当時全国で多くの教会、学校、商業施設などの設計をしていた近江八幡を拠点として活動するヴォーリズ建築事務所に新校舎の設計を依頼した。ヴォーリズは、岡田山の地形に合わせて校舎群を配置し個々の建物の設計を行った。1933年に完成し移転が実施された。以来、90年の長きにわたりこれらの建物が利用されてきた。第二次世界大戦や阪神淡路大震災により被災したが、都度再生・修復をし、概ね大きくは変わらずヴォーリズ建築が活用され続けている。すでに神戸女学院では、岡田山キャンパス移転から100周年に向けて保存・再生のためのプロジェクトが動きつつあるとのことである。なお、同学院出身の米田あゆさんが、2023年2月に宇宙航空研究開発機構（JAXA）宇宙飛行士候補に選ばれている。活躍を期待したい。

ヴォーリズはキリスト教伝道者でありながら優れた建築家でもあり実業家でもあった。アメリカのコロラド大学を卒業しコロラドスプリングYMCAに職を得た。1905年にYMCAより日本の滋賀県が英語教師を求めていると連絡があり受けることにし日本へと旅立った。行先は滋賀県の近江八幡であった。2年で解職されたが、伝道活動をしながら1908年に近江八幡で建築事務所を開いた。学校関係、教会関係、住宅関係等の幅広いジャンルで活躍し1500棟以上の建築設計を行った。1911年には近江ミッションを設立し本格的な伝道活動を開始する。実業家としては米国生まれの塗り薬メンソレータムを日本に普及させたことで知られる。1919年に兵庫県旧小野藩主の三女の一柳満喜子と結婚、1941年に日本に帰化し、夫人の姓をとって一柳米来留と名乗った。一柳満喜子は、神戸女学院の卒業後に津田梅子が学んだブリンマー大学に留学し、ヴォーリズとの結婚後の1920年にプレイグラウンド（保育所的なもの）を開設し、以後積極的に教育活動に関わっている。現在の学校法人ヴォーリズ学園（幼小中高）へと発展していった。一粒社ヴォーリズ建築事務所はヴォーリズの意思を継ぎ現在も建築設計及び関連業務を遂行している。

文学館

(提供：神戸女学院)

図書館本館

理学館

講堂 （提供：神戸女学院）

ソールチャペル （提供：神戸女学院）

なお、一般公開日以外は見学できない。神戸女学院ヴォーリズ建築一般公開の詳細については、
https://www.kobe-c.ac.jp/events/vories を見て頂きたい。

八ヶ岳高原音楽堂（1988年竣工）

長野県南佐久郡南牧村八ヶ岳高原海ノ口自然郷

吉村順三（1908年〜1997年）の設計。八ヶ岳連峰の東山麓に建てられた収容人数250名の小さな音楽堂である。株式会社八ヶ岳高原ロッジの施設の一つであり、JR小海線野辺山駅から車で15分ほどの位置にある。

八ヶ岳高原音楽堂

（提供：㈱八ヶ岳高原ロッジ）

変形六角形のホール棟と変形六角形の楽屋・オフィス棟の間をホワイエで結合した造りになっている。床、壁、天井等は木を用いている。屋根を支える外周の柱も六角形である。音響設計は音響設計家の清水寧によってなされ、最適な残響時間を実現している。またホールの半分ほどは大きなガラス窓により開放的な空間を作り出している。外に広がる林の風景を見ながら演奏を聞くことになり、都会の大ホールではけっして味わうことのできない視聴環境である。

近くには渡辺仁が設計した**八ヶ岳高原ヒュッテ**（1934年竣工、旧侯爵徳川義親邸、1968年に東京目黒から移築）もある。

（写真はいずれも2022年6月撮影）

ペンダントは六角形を基本としてデザインされているし、座席は据え付け型ではなく、目的に応じて椅子の組み合わせを自由に変えることができる。

国立科学博物館日本館（1931年竣工、重要文化財）
東京都台東区上野公園7-20

上野恩賜公園にある国立科学博物館の施設には日本館と地球館がある。日本館は重要文化財に指定されている。前身の東京博物館が1923年の関東大震災で壊滅したが、1931年に新館が完成した。1949年に国立科学博物館として再出発し拡張を続けて現在に至る。この新館の設計は文部省大臣官房建築課の**糟谷健三**が実施した。1930年頃は航空機技術が科学技術のシンボル的存在であり、博物館を上から見ると飛行機の形になるようにしたらしい。正面入り口が機首にあたり左右対称になっている。

国立博物館日本館 （2022年6月撮影）

日本館の横にあるシロナガスクジラの実物大模型 （2022年6月撮影）

銀杏の黄葉に囲まれた国立科学博物館

（2020年12月撮影）

日本館ホール

（提供：国立科学博物館）

日本館のホールの上を眺めると、半球形の美しい天井があり、また半円形のステンドグラスがはめ込まれている。前出の伊東忠太が描いた図案がもとになっていて、当時のステンドグラスの名工、小川三知主宰の小川スタジオが制作した。

鳩山一郎邸（現鳩山会館、1924年竣工）

東京都文京区音羽1-7-1

第52～54代の総理大臣を務めた鳩山一郎の私邸である。中学からの友人で当時の代表的建築家、**岡田信一郎**（1883年～1932年）に設計を依頼した。文京区音羽にあるので「音羽御殿」とも呼ばれる。建物は鉄筋コンクリートの洋式の館である。鳩山一郎記念室、妻の鳩山薫記念室、長男の鳩山威一郎記念室もある。鳩山薫は共立女子大学学長など多くの役を務めた。

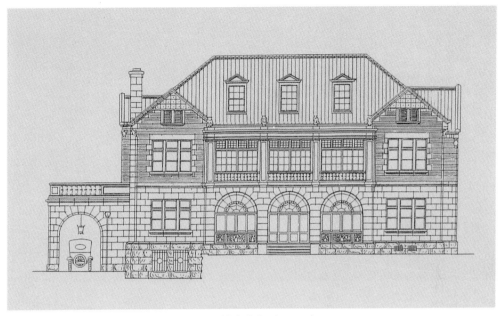

正面図（邸内説明パネルより）　　　　　　　　　　　　　（2007年2月撮影）

薔薇の季節の鳩山会館　　　　　　　　　　　　　　（提供：鳩山会館）

第二応接室

（提供：鳩山会館）

ステンドグラスは小川三知の作品

（提供：鳩山会館）

玄関上のバルコニー

（2007年2月撮影）

山の上ホテル（1937年竣工）

東京都千代田区神田駿河台1-1

ヴォーリズによる設計。実業家の佐藤慶太郎により佐藤新興生活館として建てられたが、戦時中は旧海軍に徴用され戦後はGHQに接収された。接収解除後の1954年に吉田俊男によりホテルが開業された。接収時代にこの建物が米軍人からHILLTOPと呼ばれていたので、「山の上ホテル」と名付けたらしい。この小さなホテルは、今や明治大学や日本大学の新しい高層ビルに囲まれており、「山の上」のイメージはない。ここで示す写真は、唯一高層ビルが見えない位置から撮影したものであり「山の上ホテル」の感じが出ている。

山の上ホテル (2022年9月撮影)

吹き抜けの階段が美しい

（2022年9月撮影）

ヴォーリズの設計は「人に優しい」や「居心地がよい建築」が特徴のようだ。赤い絨毯を敷き詰めた緩やかな階段はとても歩きやすい。気配りの人だったのだろう。

旧朝吹山荘 （睡鳩荘、1941年竣工）

長野県北佐久郡軽井沢町大字長倉217

ヴォーリズの設計。実業家の朝吹常吉の別荘として旧軽井沢に建てられた。軽井沢にはヴォーリズの別荘建築はたくさんあるが、なかでもこの睡鳩荘は姿がいい。のちに「軽井沢タリアセン」の塩沢湖畔に移築され公開されている。アントニン・レーモンドが軽井沢に建てた別荘も、同じ軽井沢タリアセンに移築され美術館として使われている。

（すべて2022年7月撮影）

NTTドコモ代々木ビル （2000年竣工）

東京都渋谷区千駄ヶ谷5-24-3

NTTファシリティーズによる設計。ニューヨーク・マンハッタンのエンパイアステートビルやクライスラービルを彷彿とさせる美しいビルである。「新宿のエンパイアステートビル」と呼ぶ人もいる。多摩方面から車で首都高速を走り新宿が近づいてくると、道路のはるか行く手にこのビルが見えてくる。ビル上部の階段状に見える部分にはマイクロ波アンテナが設置されていて、外壁で覆われているが内部は空洞である。美しい街の風景を創出している。

NTTドコモ代々木ビル　新宿御苑から

(2007年11月撮影)

NTTドコモ代々木ビル

(2022年5月撮影)

クライスラービル

(2014年6月撮影)

174

明治生命館（1934年竣工、重要文化財）

東京都千代田区丸の内2-1-1

岡田信一郎の設計。夕刻に歩いていてライトアップされていたこのビルに遭遇した。一瞬、欧州の街中を歩いているかのような気がした。

明治生命館のライトアップ

（2009年10月撮影）

威風堂々の明治生命館と典型的なコリント式柱頭　　　　　　　　　　（2022年5月撮影）

アーチ型の窓　　　　　　　　　　（2022年5月撮影）

第一生命館（1938年竣工）

東京都東京都千代田区有楽町1-13

渡辺仁（1887年～1973年）の設計である。1933年竣工の農林中央金庫有楽町ビルと1938年竣工の第一生命館の二つのビルを解体し、新たに高層のDNタワー21が1995年に竣工した。

第一生命館は戦後GHQに接収され総司令部本部として使用された。ダグラス・マッカーサー連合国最高司令官はここに常駐し執務をおこなった。第一生命館のファサードを特徴づける10本の列柱はギリシャ風の円柱ではなく方柱である。当初、円柱の案もあったようだが、皇居前であることも考慮して控えめの方柱にしたようである。

DNタワー
（2022年5月撮影）

第一生命館
（2022年5月撮影）

銀座和光 （1932年竣工）

東京都中央区銀座4-5-11

（2022年5月撮影）

（2022年5月撮影）

渡辺仁の設計。銀座四丁目に面しており銀座和光とも呼ばれ、銀座のシンボルである。時計塔ではウェストミンスターの鐘の音を毎時演奏して鳴らす。

四丁目交差点には和光のほかに三愛ドリームセンター、銀座プレイス、三越百貨店のビルが向き合っている。いずれも特徴ある建築である。2022年6月から名称が「**セイコウハウス銀座**」となった。

三井本館（三井住友銀行）（1929年竣工、重要文化財）

東京都中央区日本橋室町2-1

1923年の関東大震災で被災し建て替えを決めた。2倍の地震がきても破壊されない堅牢さを目指した。設計は米国の**トローブリッジ＆リヴィングストン**によるもので、堂々としたコリント式の列柱を有する日本で最大級の新古典主義的建築である。堂々たる威厳のある姿は目を見張るばかりである。特に列柱の太さが凄い。玄関入り口の幅と見比べて欲しい。店内に入ると、営業場は吹き抜けの大空間にあり広さに圧倒されるし、林立するドリス式の列柱は存在感を主張している。

三井本館全景 　　　　　　　　　　　　　　　　　　　　　　（2022年10月撮影）

三井本館正面玄関、柱が太い！ 　　　　　　　　　　　　　　（2022年10月撮影）

堂々の林立した16本のコリント式列柱　三井本館正面側

（2022年10月撮影）

館内の営業場

（2022年10月撮影）

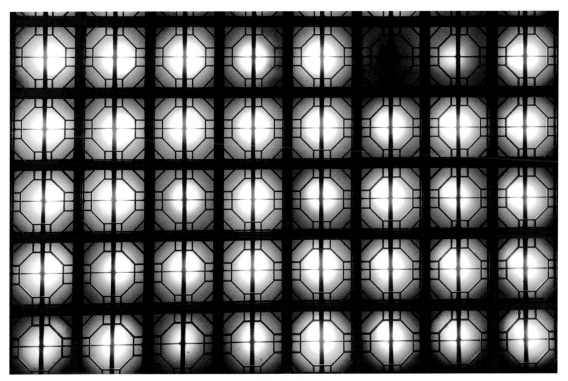

営業場の天井照明灯

（2022年10月撮影）

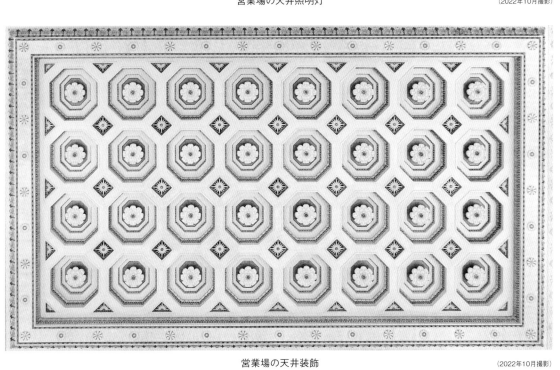

営業場の天井装飾

（2022年10月撮影）

（撮影協力：三井住友銀行）

京王プラザホテル（1971年竣工）

東京都新宿区西新宿2-2-1

明治時代に作られた西新宿の淀橋浄水場跡に副都心計画（大高正人による）が決定され、副都心で最初の超高層建築（47階）となった。**池田武邦**（1924年〜2022年）による設計である。広大な敷地に170mの超高層ビルはまさに「ポツンと一軒家」だった。ホテル建築なので一般のオフィスビルと異なり非常に薄いビルとなった。確かに横から見ると薄い！　今や多くの超高層ビルの建ち並んだ副都心街区であるが、50年以上経ってはいるものの均整のとれた簡素な姿は美しい。

池田は初期には山下寿郎建築設計事務所で霞が関ビルの仕事に携わり、のちに日本設計の設立に参加、以降は日本設計で京王プラザホテルや新宿三井ビルなど大規模設計を主導した。

（2022年6月撮影）

京王プラザホテル　左が本館、右が南館 　　（2022年9月撮影）

ロビー （2022年6月撮影）

地上から見た京王プラザホテル （2022年5月撮影）

JR京都駅ビル（1997年竣工）

京都府京都市下京区東塩小路町901

国際指名コンペ方式で7人の建築設計者が指名され（原広司、安藤忠雄、黒川紀章、池原義郎、外国人3名）、最終的には**原広司**（1936年〜）の案が選ばれた。京大出身の黒川紀章にとっては残念なことであったと思う。古都京都の景観を配慮し高さは60mに抑えられている。ホテル・駅コンコース・商業施設が組み合わされ、横幅は実に470mと巨大である。ファサード中央を占めるガラスの壁面が特徴で、向かい側の京都タワーが映り込む。内側には屋上まで通じる171段の大階段があり、イベント等にも利用される。古都での斬新的なデザインのため賛否両論はあるが、既成概念にとらわれないデザインには脱帽である。

原広司は大阪梅田にある超高層の梅田スカイビル（1993年竣工）、東京大学生産技術研究所（2001年竣工）、札幌ドーム（2001年竣工）等の設計者でもあり大規模な作品が多い。

京都駅ビル中央付近

（2022年10月撮影）

向かい側に建つ京都タワーがくっきりと映り込む

（2022年10月撮影）

吹き抜け内の大階段

（2022年10月撮影）

ガラスの大屋根・壁面と巨大な吹き抜け

（2022年10月撮影）

JR中央線国立駅旧駅舎（1926年竣工）

東京都国立市北1丁目14-22

非対称の赤い三角屋根が特徴である。設計者は河野傳とされているが、国立市は設計者不明と表明している。

JR中央線の高架化のために2006年に解体されたが、市民の要望も強く2020年に復元再建された。筆者の息子たちは国立にある学校に通学していたので、この駅舎の建物は懐かしい。再建されて国立の顔が戻ってきたようで喜ばしい。駅の南口から南の南武線谷保駅に向けて真っすぐに伸びる大学通りの両側には桜と銀杏の並木が続き、春や秋には大勢の人が訪れる。

大学通り　突き当たりに旧国立駅舎が見える　　　　　　　　　　（2022年3月撮影）

左が旧駅舎　　　　　　　　　　（2022年3月撮影）

復元された旧駅舎

（2022年3月撮影）

（提供：国立市教育委員会生涯学習課）

旧函館区公会堂（1910年竣工、重要文化財）

北海道函館市元町11-13

港町函館では1907年の大火で町会所が消失した。地元豪商の相馬哲平氏から多額の寄付があり新公会堂を建設した。洋風木造建築であり、コリント様式の木製の柱が玄関上のバルコニーを支えている。最近リニューアルされた2階の大広間が大変美しい。

旧函館区公会堂　　　　　　　　　　　　　　　　（函館観光画像ライブラリーから）

2階大広間　　　　　　　　　　　　　　　（函館観光画像ライブラリーから）

バルコニー　　　　　　　　　　　　　　　　　　　　　　　　　（2011年9月撮影）

バルコニーからは美しい函館港を一望できる。

函館では1934年にも大火災があり2000人近くの市民が命を
失った。以後、様々な防火対策がとられた。この大火災以前
の消火栓は地下式であったが、右に示すような地上型消火栓
に順次変更された。管の口径も大きく、また目立つようにと
黄色の塗装がされている。

（2011年9月撮影）

旧神戸居留地15番館 （1880年竣工、重要文化財）

兵庫県神戸市中央区浪花町15

コロニアル・スタイルの旧アメリカ合衆国領事館である。神戸居留地時代（居留地は1868年建設開始、1899年に日本政府に返還）に建てられたものとして唯一残存しているものである。阪神・淡路大震災で全壊したが、1998年に建設当時の姿に復元された。ビルの谷間に埋もれているが、街角にこんな建物があると何故かほっとする。すぐ横には当時の下水道の遺構が見られるようになっている。日本での最初の近代的下水道であり、近代化産業遺産にも選ばれている。

神戸旧居留地15番館　現在はレストランとして利用されている　　　　　　　　　　　（2022年5月撮影）

木製コリント式の柱

旧居留地下水道遺構　1872年　　　　（2022年5月撮影）

（撮影協力：㈱ノザワ）

旧横浜正金銀行神戸支店 （神戸市立博物館、1935年竣工）

神戸市中央区京町24番地

設計者は**桜井小太郎**（1870年～1953年、旧丸の内ビルディング等）。桜井小太郎は建築の道の歩み方について辰野金吾に相談している。辰野は日銀本店設計の事前調査でイギリスに行くが桜井を同伴、桜井はロンドン大学に入り優秀な成績で卒業し英国王立建築士の資格も得た。渡英して5年後に日本に帰り、コンドル事務所、海軍、三菱、個人事務所と続き大正時代における建築界の重鎮となった。

（2022年5月撮影）

旧神戸証券取引所 （神戸朝日ビルディング、1934年竣工）

兵庫県神戸市中央区浪花町59番

渡辺節 （1884年〜1967年）の設計。全国で3番目の証券取引所として建設されたが、戦後はGHQに接収された。のちに返還され、しばらく映画館（朝日会館）として活用された。筆者の小学生時代、姉に連れられ「ダンボ」や「ファンタジア」などのウォルト・ディズニー映画を見に行ったことを覚えている。西へ一区画進むと大丸神戸店があり、この周辺ではともに異彩を放っている。

神戸朝日ビルディング

この近くには、同じ渡辺節の設計の商船三井ビルディング（1922年竣工）や、J・H・モーガン設計のチャータードビル（1938年竣工）などもある。大正・昭和初期の建物を見ながら旧神戸居留地界隈を散歩するのも楽しい。

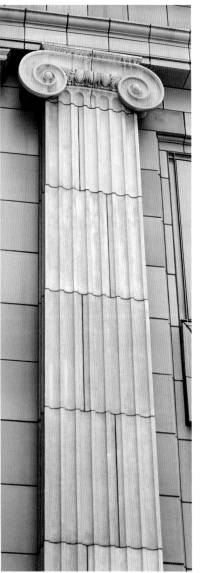

日本の建築でこれだけ大規模に円弧上に列柱（イオニア式）を配した建物は珍しい。1994年に地上25階の高層ビル「神戸朝日ビルディング」として生まれ変わった。旧ビルを丸ごと保存したのではなく、旧ファサードの特徴的な部分を活用して新規にデザインがなされている。もちろん旧ビルのイメージは十分に表現されていると思う。

（すべて2022年5月撮影）

大学セミナーハウス（1965年竣工）

東京都八王子市下柚木1987-1

吉阪隆正（1917年〜1980年、子供のころに12年間スイス・イギリスに滞在）による設計。

グサッと地面に突き刺さったように見える本館 （2022年6月撮影）

大学セミナーハウスは東京都八王子市の野猿街道沿いの緑豊かな鳥のさえずる環境にある施設で、関東地方の大学や企業などがセミナーや研修会等に利用している。宿泊設備もある。本館は地面に楔を打ち込んだような強烈で奇抜なデザインで、2017年に東京都選定歴史的建造物に選定されている。

ブルータリズムという言葉がある。これは1950年代～1970年頃に多く見られる建築様式である。"brutal"とは「野蛮な」、「無慈悲な」、「粗野な」、「荒々しい」などの意味を持つ言葉であり、ブルータリズム建築とは打放しコンクリートなど素材そのものを建築として全面的に前に出すというスタイルをとる建築様式で、装飾などを大きく排除したものであり、工期短縮にも都合がよい。ル・コルビュジエ、丹下健三、前川國男などの作品にもこの様式のものが見られる。

筆者の母校も、自分の卒業後に各地に分散（いわゆる蛸足大学）していたものを新たな広大な土地に統合化したが、当時流行っていたコンクリート打ちっぱなしの建物が多く、後年に大規模な改修が必要になったようである。

最上階のセミナー室、窓の傾きが面白い　　　　　　　　　（2022年6月撮影）

吉阪隆正はフランス留学もし、その後しばらくル・コルビュジエの事務所で勤務したこともある。早稲田大学での教育と建築設計の二足の草鞋を履いていた。日本建築学会会長も務めたが、登山家・探検家としても著名でアフリカ大陸横断、キリマンジャロ登山、北米大陸横断、アラスカのマッキンリー登山（遠征隊長）などの実績を残した。

APPENDIX.I 古典主義建築の円柱のオーダー

文中にも時折出てくる古典主義建築の柱の形状の種類であり、
基礎部分・柱本体・柱頭の組み合わせの形式をいう。

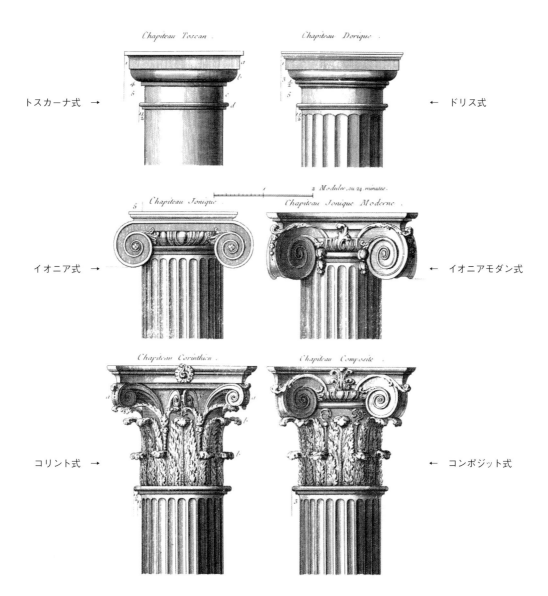

トスカーナ式 →　　　　　　　　　　　　　　　　← ドリス式

イオニア式 →　　　　　　　　　　　　　　　　← イオニアモダン式

コリント式 →　　　　　　　　　　　　　　　　← コンポジット式

「Encyclopédie, ou Dictionnaire raisonné des sciences, des arts　et des métiers」より

APPENDIX.Ⅱ　参考文献およびパブリックドメイン画像の詳細

（1）参考文献

「エル・デコ日本版創刊20周年記念特別編集　フランク・ロイド・ライトの本」（株式会社ハースト婦人画報社）

「フランク・ロイド・ライトの建築遺産」　岡野眞（丸善株式会社）

「帝国ホテル　ライト館の謎　天才建築家と日本人たち」　山口由美（集英社e新書）

「河鍋暁斎」　ジョサイア・コンドル（岩波文庫）

「丸の内を作った建築家たち　むかし・いま」　藤森照信（https://www.mjd.co.jp/130th/mukashiima.html）

「迎賓館赤坂離宮パンフレット」　（迎賓館赤坂離宮）

「明治の建築家　伊東忠太　オスマン帝国をゆく」　ジラルデッリ青木美由紀（ウェッジ）

「鹿鳴館の貴婦人　大山捨松」　久野明子（中公文庫）

「津田梅子」　大庭みな子（小学館P+D　BOOKS）

「重要文化財 神戸女学院／ヴォーリズ建築の魅力とメッセージ」　学校法人　神戸女学院

「負けんとき　ヴォーリズ満喜子の種まく日々」　玉岡かおる（新潮社）

「新美の巨人たち　奇跡のホール　『東京文化会館』」（NHK）

「エッセイ（私の夢）」　技術ニュース　第6号（1994年1月）　石井聖光（日本音響エンジニアリング株式会社）

「イサム・ノグチ　幻の原爆慰霊碑」（NHK）

「超速で実現した「世界初の大屋根」」　建設業　しんこう　NO.528（2021年5月）（一般社団法人　建設業振興基金）

「Casa BRUTUS 2021年5月号」（マガジンハウス）

「PROJECT ● JAPAN」　レム・コールハース／ハンス・ウルリッヒ・オブリスト（平凡社）

「横浜の名建築をめぐる旅」　恩田陸＋菅野裕子（株式会社エクスナレッジ）

「西洋の見える港町　横浜」　中野孝次（草思社）

「横浜山手西洋館」（https://www.hama-midorinokyokai.or.jp/yamate-seiyoukan/）

「横濱」　2017新春号Vol.55（神奈川新聞社）

「国立市指定有形文化財　旧国立駅舎」（国立市教育委員会生涯学習課）

「東京建築さんぽマップ」　松田力（株式会社エクスナレッジ）

「丹下健三を語る」　槇文彦・神谷宏治（鹿島出版会）

「これだけは知っておきたい　設計監理の知識」　西部明郎（鹿島出版会）

「Encyclopédie, ou Dictionnaire raisonné des sciences, des arts et des métiers」

「DOCOMOMO　JAPAN選定　日本におけるモダン・ムーブメントの建築」

「Casa BRUTUS 2021年　特別編集　建築を巡る旅」（マガジンハウス）

（2）パブリックドメイン画像の詳細

ファンズワース邸　WIKIPEDIA、Farnsworth House-Mies_5.jpg

シーグラム・ビルディング　WIKIPEDIA、NewYork,Seagram 04.30.2008.jpg Seagram Building-NewYork-3.jpg

イリノイ工科大学クラウンホール　WIKIPEDIA、S.R.Crown Hall.jpg

サヴォア邸　WIKIPEDIA、サヴォア邸.jpg

スタンフォード大学　WIKIPEDIA、Stnaford Oval May 2011 panorama.jpg

APPENDIX.Ⅲ　横浜市旧居留地付近、神戸市旧居留地付近のマップ

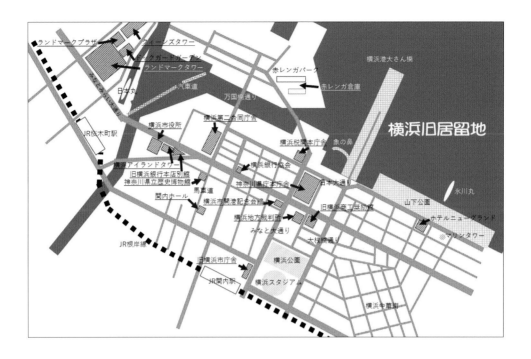

あとがき

「建築には素人の人間」が書いた「建築には素人の方」向けの「建築紹介の本」、いかがでしたでしょうか。いろいろと近代建築を見てみたいが何処へ行けばいいかと迷っておられる方は、ぜひ本書にざっと目を通していずれかに行ってみてはいかがでしょうか。まずまずがっかりすることなく、「行って良かった」となるのではないでしょうか。建物の外観見学は基本的に自由ですが、内部は自由に見学可・見学不可・有料で見学可・特定日に公開など様々ですので事前に確認して下さい。

　本書に掲載した建築家はいずれも素晴らしい作品を残された方々ばかりです。そして日本のみならず海外でも活躍し世界トップクラスの建築家が多くおられます。日本の近代建築はまだ150年程度の歴史しかありません。ヨーロッパの古代ギリシャ建築から始まった西欧の建築の歴史から見れば赤ん坊のようなものかも知れません。しかしながら日本の建築は江戸時代から明治時代に移行して以来、西洋の技術の導入から始まり150年で飛躍的な進歩を遂げました。今や世界に誇れる建築もたくさんあります。建物は、人間が生きるに当たって食料・衣料・医療等と同じように必須で重要なものです。これからも他の技術や芸術がそうであるように、建築技術や設計力はまだまだ進歩し続けるでしょう。本書では約100件の建築を取り上げました。例えば、DOCOMOMO　JAPAN [注2] 選定では250選もあります。日本建築学会作品賞は戦後以降で約180件あります。したがって本書での紹介は一部に過ぎませんが、筆者自身としては良い選択と思っています。本書ではDOCOMOMO　JAPAN選定のものや学会賞作品も多く紹介しています。

[注2]

DOCOMOMO（ドコモモ、International Working Party for Documentation and Conservation of building and neighborhoods of the Modern Movement のアクロニーム）は、近代建築の記録と保存を目的とする国際学術組織であり、DOCOMOMO　JAPANはその日本支部である。
DOCOMOMOのホームページでは「ドコモモは、20世紀の建築における重要な潮流であったモダン・ムーブメントの歴史的・文化的重要性を認識し、その成果を記録するとともに、それにかかわる現存建物・環境の保存を訴えるために1988年に設立された国際学術組織で、近代建築史研究者だけでなく、建築家、建築エンジニア、都市計画家、行政関係者などが参加している」と記されている。

最後に最近の建築のいくつかの点について筆者の気になるところを述べておきたいと思います。

❶建築の保存
　近年、日本の建築界においては古きものの保存に知恵を絞ったものが多くみられるようになってきた。そのまま残す方法、一部を保存活用する方法、デザインを部分的に取り込む方法など様々だが、本書でも見られるように通称「腰巻ビル」の方法がとられることが多い。新ビルの低層部を旧ビルで囲む方法である。海外ではあまり見られない。腰巻ビルについては賛否両論があるようだ。筆者としては、現代のビル建築については比較的無機質なものが多いと感じられるので、歴史を感じさせる過去の建築物を何らかの形で新しいものと組み合わせることに異論はない。もちろん全体として調和のとれたデザインであることはいわずもがなである。

❷スレンダービル
　ニューヨークのマンハッタンでは、従来にはない新たなイメージのビルディング建設が話題を呼んでいる。イメージとしては鉛筆のような極細の超高層ビルである。スレンダービルと呼ばれており、多数の建設が行われている。建設費は高くなるが、スレンダーにすることにより、高く、細く、空間も生み出せる。従って、オフィス向けよりは居住向けに作られるケースが多そうである。
　建物の幅と高さの比（搭状比、アスペクト比）は、今までの高層ビルではせいぜい1:3 ～ 6程度であるが、ここでいうスレンダービルは、1:10、1:16といった具合にとんでもなく細いのである。米国ニューヨークのセントラル・パーク・タワーの搭状比はなんと1:24である。ニューヨークは堅固な岩盤の上にできた街で地震は皆無に近く心配はないだろうが、日本のような地震国ではスレンダービルは無理なのではなかろうか。2011年3月11日に起きた東日本大地震で東京新宿副都心の高層ビルが大きく揺れる映像を思い出すが、スレンダービルなら一気に折れてしまいそうな気がする。個人的には、このようなスレンダービルは不安感をもたらすだけで、あまり美しさを感じることはない。

❸ TOKYO TORCH ／東京駅前常盤橋プロジェクト

　10年のプロジェクトであり、東京駅近くの大手町に新しい街が生まれる。Torchとは"灯り"、すなわち「日本の、さらには世界の灯り」を意味している。東京駅の八重洲側は丸の内側に比べて再開発が遅れ気味であったが、ようやく新たな超高層ビルと、それを囲む空間が新しい街区を作り一新される。中心となるのは2027年完成予定のTokyo Torchタワー（高さ390 m、日本一の高さとなる）。ここでもその規模には驚くが「美しき近代建築」と呼ぶにはやや抵抗がある。

　現在、都会では様々な大規模再開発プロジェクトが進行中であり、今後十数年で街区の形が大きく変わる。規模を追うのではなく周囲の景観がより魅力的となるよう、また人々の心が安らぐような「人に優しい美しいデザイン」であって欲しいと願う。

　本書の原稿作成の期間に奈良の社寺を見学する機会がありました。久々に法隆寺・東大寺・春日大社・薬師寺・唐招提寺などを見学しました。明治時代になり必死になって西洋建築を学び日本の近代建築の歴史が始まりましたが、奈良の社寺のような千数百年前からの優れた建築技術があったからこそ日本の近代建築の発展が加速されたのだと思います。

　本書の原稿執筆にあたっては、多くの写真を必要としました。すでに撮りためた写真は出版を意図したものではないので、多くの写真をあらためて撮り直しました。あいにくの新型コロナ渦の中でもあり、制限されることもありましたが出版で使える写真は素人レベルですが、なんとか撮れたと思います。また、写真を提供頂いた方々にもお礼を申し上げます。さらには、建物の所有者・管理会社等には本書への掲載・写真利用に関しご理解・ご協力を頂き感謝申し上げます。

　また、アップル社のiPhoneで撮った写真も多くあります。スマートフォンで撮った写真がこのような書物に堂々と使えるようになったことにも驚きを禁じ得ません。

　また本原稿作成の意図を理解頂き、様々なアドバイスを頂いた株式会社ブックコムの三浦均様には感謝申し上げます。

2023年8月吉日

西部　晋二

著者略歴

西部 晋二（にしべ しんじ）

1943年8月26日、山口県山口市生まれ。

1966年3月、大阪大学工学部電気工学科卒業。

1966年4月、東芝に入社、以後コンピュータ及びシステムLSI開発に携わる。

1999年7月、東芝コンピュータエンジニアリング株式会社代表取締役。

退職後はサイエンス系ミュージアムにて解説ボランティア。

本書は自身初の著書（自身の傘寿を記念）。

一度は訪れてみたい日本の美しき近代建築

感動建築100選！

2023年9月1日　初版発行

文・写真　　西部晋二

発 行 者　　三浦　均

発 行 所　　株式会社ブックコム
　　　　　　〒160-0022　東京都新宿区新宿1-30-16　ルネ新宿御苑タワー1002
　　　　　　TEL.03-5919-3888（代）　FAX.03-5919-3877